suhrkamp nova

Sarah Khan

Die Gespenster von Berlin

Unheimliche
Geschichten

Suhrkamp

Umschlagfoto: Stephan Erfurt

suhrkamp taschenbuch 4116
Erste Auflage 2009
Originalausgabe
© der deutschen Ausgabe
Suhrkamp Verlag Frankfurt am Main 2009
Suhrkamp Taschenbuch Verlag
Druck: CPI – Ebner & Spiegel, Ulm
Printed in Germany
Umschlag: Göllner, Michels
ISBN 978-3-518-46116-7

1 2 3 4 5 6 – 14 13 12 11 10 09

Die Gespenster von Berlin

»Ich verstand schließlich, dass der Tod die
zentrale Kraft des Lebens ist.
Das ist der Grund, warum ich Champagner
liebe und im Ritz wohne.«

Truman Capote

Gläserrücken mit der Stasi

Sie ist die Frau aus der Nachbarschaft, man trifft sie im Supermarkt, in der Schlange der Postfiliale. Sie ist wie Montag, wenn sie das Kind bringt, wie Dienstag, wenn sie in der Schwimmhalle ihre Bahnen zieht, wie Mittwoch, wenn sie das Kind holt, wie Donnerstag, wenn sie einkauft, und wie Freitag, wenn sie mit einem Kuchenpaket vom Konditor kommt. Wie von Schnüren gezogen, kreuzen Stadtteil-Nachbarinnen ihre Stadtteil-Nachbarinnen, bis in alle Ewigkeit hätte es so bleiben können, bis es anders kommt, und die Malerin Uta Päffgen bei der Vernissage von Cindy Sherman in der Galerie Sprüth Magers Berlin sagt: Gespenster suchst du? Dann frag Anne, die Frau kann Gespenster rufen, die hat einen unglaublichen Draht mit ihrer Methode. Und so verabredet man sich mit einer unbekannten Anne, sie öffnet und man steht vor niemand anderem als besagter Stadtteil-Nachbarin. Diese langen dunkelroten Haare, der brutal amüsierte Blick, das große Herz auf weiter Brust und der Duft der Kaffeetafel hinter ihrem Rücken aufsteigend. Diese Geschichte ist ein Geschenk der Schriftstellerin Anne Hahn, der Rotweinhexe von Mitte, der Burgfrau von Goseck, dem Magdeburger Medium. Danke.

Eine übersinnlich veranlagte Frau bemerkt ihre Fähigkeiten schon früh in der Jugend und spielt damit herum. Eines Tages ist es dann so weit, sie bekommt eine höllische Angst und beschließt, den Unfug für immer sein zu lassen. Und doch ruft sie die Geister immer wieder, denn sie kann es nicht lassen. Anne wurde 1966 in Magdeburg geboren.

Als Anne zweiundzwanzig Jahre alt war und von allem tödlich gelangweilt, beschloss sie aus dem Land zu fliehen. Sie wusste ja nicht, dass die Tage der DDR gezählt waren, denn sie hatte die Geister fast nie nach ihrer eigenen Zukunft befragt. Das war zu heikel. Sie war auch nicht die Einzige in ihrem Freundeskreis, die sich mit Fluchtgedanken beschäftigte. Andere hatten Ausreiseanträge laufen und Angst vor schlechten Nachrichten. Auch musste immer mit Spitzeln gerechnet werden. Stell dir vor, der Geist sagt beim Gläserrücken in großer Runde, die Anne H. wird nächste Woche einen erfolgreichen Fluchtversuch hinlegen. Deshalb ging das nicht, den Blick in die eigene Zukunft zu wagen. Anne und ihre Freunde aber waren von den ausgefeilten, wundersamen Geschichten der Geister fasziniert. Einmal war ein Geist da, der Bertolt Brecht gekannt hatte, und ein andermal ein Kind, das immer auf dem rechten Knie vom lieben Gott saß. Das war unterhaltsam und lustig. Während die Realität und die nahe Zukunft für die jungen DDR-Bürger beides nicht war, weder unterhaltsam noch lustig. So also kam es, dass Anne die Geister nicht nach ihrem eigenen Schicksal befragte, sonst hätte sie sich die Flucht, die Festnahme und den DDR-Knast vielleicht erspart.

Anne hatte damals in Magdeburg keinen Job, aber sie hatte Freunde. Die Freunde hatten Rotwein und der Rotwein hatte eine Kerze und die Kerze hatte ein Glas. Sie bildeten eine Runde, drehten das Glas um und stellten es in ihre Mitte auf einen Tisch. Dann legten sie ganz viele Zettel um das Glas: die Worte »ja« und »nein« und alle Buchstaben des Alphabets und die Zahlen eins bis hundert, jeweils in Zehnerschritten angeordnet. Jeder legte sachte einen Fin-

ger auf das Glas, dann begannen sie. Und wie toll es krib-
belte, zuckelte und ruckelte, sobald Anne die Geister rief.
Dann tanzte das Glas.

Einmal hatten sie sofort jemanden drin, der sagte: SOS,
SOS, SOS.

»Wer braucht SOS?«

Sie bekommen eine Zahl, noch eine Zahl, immer wieder
die gleichen Zahlen. Jemand holt einen Atlas, überprüft
die Zahlen an den Längen- und Breitengraden. Es war ein
Punkt im Südatlantik. Die Rotwein trinkende Gläserrü-
cker-Clique aus der Endphase der DDR in Magdeburg
hörte am nächsten Tag in den Nachrichten, dass vor der
Küste der Falklandinseln ein Schiff sank und die ganze Besatzung ertrank.

Einmal riefen sie einen Geist und nichts geschah. Dann
klopfte es an der Tür. Einer stand auf und öffnete, es war
niemand zu sehen und doch trat jemand ein. Alle saßen
kreisförmig im Schneidersitz auf hauchdünnen, alten,
schiefen Dielen, und sie merkten, wie sich die Dielen unter
dem Tritt des unsichtbaren, aber gewichtigen Gastes ho-
ben und senkten, und sie hörten das Holz knarzen. Der
Gast umrundete die Magdeburger mehrmals, jagte ihnen
einen Höllenschrecken ein, dann ging er wieder. Alle wussten, dass es Anne war, die diese Kraft hatte, einen so dreis-
ten Geist zu provozieren. Ohne Anne klappte es nie, und
mit Anne war es immer wunderbar und schrecklich. Aber
nach dieser Erfahrung schwor Anne, damit aufzuhören.
Geisterbesuch in der eigenen Wohnung wäre viel zu heftig, und man solle überhaupt keine Geister mehr rufen,
denn man wisse ja nie, wer da komme und was er mit-
brächte. Sie habe endgültig verstanden, sie könne zwar

anlocken, aber nicht kontrollieren. Also abgemachte Sache, nie wieder Geisterbeschwörung. Aber dann passierte die Geschichte mit der komischen Frau, die wie Anne auf dem Flohmarkt Klamotten verkaufte und sich an sie ranschmiss. So überfreundlich, so künstlich, so außerordentlich verdächtig lud sie Anne und ihre Clique zu sich nach Hause ein. Da konnte Anne nicht anders, wollte unbedingt ihre Muskeln zeigen, nahm ihre Freunde und eine Flasche Wein und schlug bei der Komischen auf. Die Komische wollte sich über den überraschenden Besuch freuen, da unterbrach man ihren Redefluss und sagte: Räum mal deinen Tisch ab, den brauchen wir jetzt. Das Glas kam umgedreht in die Mitte, das Alphabet und die Zahlen drum herum, sie hatten alles mitgebracht. Jeder legte sachte einen Finger auf das Glas. Die Komische wollte nicht mitmachen, sie bekam furchtbar Gruselschiss, aber man sagte ihr, sie solle nicht so langweilig sein. Anne rief die Geister. Und schon hatte sie einen Geist im Glas. Zunächst fragten sie ihn der Reihe nach belangloses Zeug.

»Großer Geist, willst du mit uns reden?«

»Ja.«

»Bist du ein guter Geist?«

»Ja.«

»Ist es schön da, wo du bist?«

»Kalt.«

»Wie heißt du?«

»Ludwig Brenndecker.«

»Seit wann bist du tot?«

»1952.«

»Wie alt warst du, als du starbst?«

»57.«

»Was warst du von Beruf?«

»Krüppel.«

Kaum fängt die Komische zu kichern an, kommt Anne auf ihr eigentliches Anliegen zu sprechen.

»Ist hier jemand im Raum, der für die Stasi arbeitet?«

»Ja.«

»Ist der Raum verwanzt?«

»Ja.«

»Kannst du mir zeigen wo?«

»Ja.«

»Wenn ich in die Ecke gehe, wo die Wanze ist, sag ja.«

Anne steht auf und schreitet den Raum ab. Als sie in der Ecke mit der Vitrine steht, meldet sich der Geist wieder: »Ja!«

Auf der Vitrine steht ein Radio. Anne fasst nach dem Radio und schüttelt es.

»Hier drin?«

»Ja.«

Anne setzt sich wieder an den Tisch. Die Komische ist leichenblass. »Raus aus meiner Wohnung!« schreit sie. »Aber sofort!«

Aber sie gehen nicht, machen weiter.

»Weißt du die Telefonnummer der Leute, die uns gerade belauschen?«

»Ja.«

»Kannst du mir die geben?«

Die Nummer, die der Geist ihnen gibt, ist fünfstellig und beginnt mit einer Drei. Die Dreier-Nummern waren die Stasi-Nummern in Magdeburg. Welch ein Triumph für Anne. Sie hatte Fähigkeiten, auf die die DDR nicht vorbereitet war. Welch ein Jubel. So glaubte sie, obwohl der Tod ein Gedanke blieb, die Flucht würde ihr gelingen. Ein anderes Leben wartete auf sie, eines ohne Gitter. Sie musste nur aufbrechen.

Vor der Flucht unternahm Anne zwei Reisen. Die eine führte sie nach Prag zum Grab von Franz Kafka, und die andere nach Schloss Goseck in Thüringen. Dort wollte sie ein letztes Mal mit Freunden zusammen sein. Sie wollten wandern, trinken, lachen. Seit Jahren schon nahm sie Abschied in einer qualvoll langsamen, bedrückenden Entwicklung, ohne sich mitteilen zu können. Der Abschied in Goseck sollte anders sein, Kraft spenden. Jetzt ist das Schloss Goseck saniert, eine denkmalgerechte Toilettenanlage wurde eingebaut, es gibt einen Tango-Frühling, archäologische Ausgrabungen und Konzerte. Aber damals in den 1980er Jahren der DDR war das Burgschloss halb verrottet und der nagenden Zeit überlassen. Der größte Teil des Schlosses war verschlossen und verstaubt und lag da wie im Dornröschenschlaf. Eine kleine Jugendherberge gab es in einem Seitenflügel, dort wohnte Anne mit ihren Freunden. Die Ausstattung dieser Herberge ist Anne als trostlos in Erinnerung. Teppichbelag, Leichtmöbel und abwischbare Plaste-Oberflächen, ohne jedes Schlossgefühl. Einmal machte die Gruppe heimlich eine Runde durch den abgesperrten Teil. Die meisten Zimmer waren verschlossen, aber mit einem Dietrich und etwas Gefummel bekamen sie die Türen auf. Anne machte sich ein Spiel daraus. Bevor sie eine Tür öffnete, beschrieb sie das Zimmer dahinter. Vor der verschlossenen Tür stehend zählte sie auf: Links der Kamin, das Eisen liegt auf dem Sims und der Knauf ist angeschlagen, das Fenster ist grün, in der Mitte steht eine Säule. Oder: Ein dunkler langer Raum, am Ende rechts ein winziges Fenster, ein großer Tisch in der Mitte, ein gusseiserner Kerzenleuchter hängt tief darüber. Und jedes Mal bestätigten sich Annes Beschreibungen. Als kenne sie diese toten Zimmer mit den zerschlissenen Vorhängen und schmutzigen Türbeschlägen, mit den fauligen Möbeln und eingetrübten Tapeten ganz genau. Einmal fanden sie auf ihren Streifzügen eine Flasche Rotwein ohne Etikett in einer Schutthalde. Die Flasche war mit dickem Staub belegt und ihr Glas und Korken war von so besonderer Beschaffenheit, als käme sie aus uralter Zeit. Vielleicht sechzig, vielleicht hundert Jahre konnte die Flasche alt sein. Die Freunde öffneten die Flasche, aber keiner traute sich den Wein zu kosten. Schließlich probierte Anne. Der Wein schmeckte ihr so gut, dass sie die ganze Flasche austrank. Dann legte sie sich in der Jugendherberge ins Bett. In dieser Nacht träumte sie, durch Schloss Goseck zu gehen. Sie solle, so lautete der Befehl, zur Kapelle von Schloss Goseck kommen. Auf dem Weg dorthin konnte sie Wände durchschreiten. Körperteile durch dicke Mauern stecken, den Kopf, einen Arm, ein Bein. Das machte Spaß. Plötzlich kam sie nicht weiter. Der Traum endete. Am nächsten Tag erfuhr Anne, dass in der Nacht auf Schloss Goseck eine alte Frau gestorben war, die ein lebenslanges Wohnrecht gehabt hatte. Die schrullige Alte, so erzählte man es, sei eine Adelige gewesen, eine Gräfin, deren Familie diese Burg lange Zeiten bewohnt hatte. Diese Geschichte aber vollendete sich erst ein halbes Jahr später, im Mai 1989. Anne saß in einer Zelle im Gefängnis Hohenschönhausen, denn die Flucht war ihr ja misslungen. In dieser Zelle ging der Traum plötzlich weiter. Sie stand wieder an der Stelle im Schloss, wo es zur Kapelle ging, wo sie damals nicht weiterkam. Nun sieht sie auch die Landschaft, dazu einen Bernhardinerhund und sich selbst in einem weißen Kleid mit einem kleinen Jungen an ihrer Seite, der etwa fünf Jahre alt ist. Sie weiß plötzlich, dass diese Frau und dieses Kind getötet wurden, vom eigenen Ehemann. Er war jahrelang auf Kreuzzug gewesen und sie war nicht keusch geblieben. Das Kind wird wegen der Schande getötet und vor dem Altar begraben, die Frau wird lebendig eingemauert. Aber was hat das mit der alten Gräfin zu tun?, fragt sie im Traum und sie bekommt sogar eine Antwort: »Die alte Frau auf Schloss Goseck war die Letzte ihres Blutes und konnte erst sterben, als du kamst.« – Das war ich selbst, dachte Anne, als sie wieder in ihrer Zelle in Hohenschönhausen aufwachte. Das war mein früheres Leben. Das hat mit mir heute überhaupt nichts mehr zu tun.

Als sie aus dem Knast rauskam und die DDR aufhörte ein verschlossenes Land zu sein, fuhr sie ans Mittelmeer und brachte von dort einen Stein mit. Damit fuhr sie zum zweiten Mal in ihrem Leben zum Grab von Franz Kafka, nach Prag. Sie legte den Stein auf das Grab und entschuldigte sich ausgiebig bei ihm dafür, im Jahr vorher einen kleinen Stein dort entwendet zu haben. Sie erklärte ihm, wieso sie das getan hatte. Sie wollte den Stein, der damals ganz oben auf dem Grabstein lag, als Glücksbringer mitnehmen, für ihre Flucht und für alles, was an Gefahren auf sie zukam. Sie sagte, sie habe einen Teil von ihm besitzen wollen, sie verehrte ihn doch so sehr, aber sie habe nicht bedacht, dass jemand anderes den Stein ihm dargebracht hatte. Sie hätte seither auch nur Pech erlebt, ein ganzes Jahr nur Strafe und Unglück. Und wenn die DDR nicht zusammengebrochen wäre, würde sie immer noch schmoren. Deshalb, sagte sie ihm, bringe sie ihm den Stein zurück. Es sei zwar nicht der Stein von damals, den habe sie in den Wirren des Jahres verloren, aber es sei ein schöner Stein vom Mittelmeer, und er möge so lieb sein, ihn anzunehmen, die Entschuldigung zu akzeptieren und ihr vergeben.

Anne zog nach Berlin, studierte Kunstgeschichte, jobbte als Briefsortiererin und war eine Weile lang so was wie die Ehrenvorsitzende am Tresen der Kneipe Kommandantur. Einmal hörte sie noch von Schloss Goseck. Zwei Jahre nach dem Traum, also 1991, lernte sie einen jungen Mann kennen, der kam aus Weißenfels, einem Nachbarort von Goseck. Annes Freunde erzählten ihm von den gruseligen Vorgängen auf dem Schloss und von Annes Traum, in dem ihr eine Frau und ein Kind erschienen, in der Nacht, als die alte Gräfin starb. Und dass Anne seither felsenfest behauptet, dass ein Kind vor dem Altar der Schlosskapelle Goseck beerdigt worden sei. Der junge Mann wurde kreideweiß und erzählte, dass man in der Schlosskapelle eine weiße Marmorplatte gefunden habe, unter der ein Kinderskelett lag.

»Das war mein Kind«, sagte Anne, »zur Zeit der Kreuzzüge. Dieses Kind habe ich geführt.«

In Berlin hörte das mit dem Gläserrücken und den Geisterwahrnehmungen fast auf, was natürlich sonderbar ist, denn Berlin ist voller Gespenster, und diese haben keinen Grund, Anne auszuweichen. Hin und wieder stellte sich ihr noch ein Geist zur Seite, aber sie merkte das manchmal gar nicht. Einmal hielt sie ein Gespenst für den dunkel gekleideten Mitbewohner. Er kam leise herein und schaute ihr über die Schulter und las den Text, den sie am Schreibtisch verfasste, interessiert mit. Sie unterhielt sich mit ihm. Eine sehr einseitige Unterhaltung, er antwortete nicht. Als sie sich umdrehte, war da niemand. Als wäre der Mann nie da gewesen.

Ende der 1990er Jahre lebte Anne für einige Jahre in einer heruntergekommenen Wohnung in der Invalidenstraße 104, schräg gegenüber vom Naturhistorischen Museum. Später gab ihr der Eigentümer des Hauses viel Geld, damit sie auszog und das Haus saniert werden konnte. Es war Teil einer hufeisenförmigen Wohnanlage, gebaut zur Gründerzeit, in unmittelbarer Nähe zur Charité und diversen Militäreinrichtungen. Theodor Fontanes Novelle *Stine* spielt zu jener Zeit – um 1890 – genau in diesem Abschnitt der insgesamt drei Kilometer langen Invalidenstraße. Dass Fontane für seine *Stine* gerade die Invalidenstraße auswählte, war kein Zufall. An dieser Straße mit seinen unterschiedlichsten Gebäuden und Institutionen bildete sich die Gründerzeit, besonders eifrig ab, die Invalidenstraße war Blut, Schweiß, Dreck und Geschwindigkeit: Drei Fernbahnhöfe (Lehrter, Stettiner und Hamburger Bahnhof), Maschinenbaufabriken, Exerzierplätze, Kasernen, das Invalidenhaus, ferner ein Gefängnis und die Charité; dazu kamen etliche Wohnhäuser und Kirchhöfe. Fontane schilderte das sozial heikle Leben der Schwestern Ernestine Rehbein und Pauline Pittelkow in der Invalidenstraße 98e zwischen Liebeständel und Eheversprechen, zwischen Hoffnungen auf einen sozialen Aufstieg und Liebesglück zugleich. Die kleinmütige Ständegesellschaft lässt alle Träume misslingen, und nur der Tod triumphiert.

Stine sah die Schwester an.

»Ja, du siehst mich an, Kind. Du denkst wunder, wie du mich beruhigst, wenn du sagst: ›Es is keine Liebschaft.‹ Ach, meine liebe Stine, damit beruhigst du mich gar nich; konträr im Gegenteil. Liebschaft, Liebschaft. Jott, Liebschaft is lange nicht das schlimmste. Heut' is sie noch, un morgen is sie nich mehr, un er geht *da*hin, und sie geht *da*hin, un den dritten Tag singen sie wieder alle beide: ›Geh du nur hin, ich hab' mein Teil.‹ Ach, Stine, Liebschaft! Glaube mir, daran stirbt keiner, un auch nich mal, wenn's schlimm geht. Nein, nein, Stine, Liebschaft is nich viel, Liebschaft is eigentlich gar nichts. Aber wenn's hier sitzt (und sie wies aufs Herz), dann wird es was, dann wird es eklig.«

In jenem Haus 104 fing Anne wieder mit dem Gläserrücken an. Es war spät nachts und sie waren zu fünft und es war alles vorher geplant. Ein Freund brachte einen ganz großen Wein mit, den ungewöhnlichsten und delikatesten Tropfen, den Anne je getrunken, später schrieb sie eine Kurzgeschichte über ihn, den Wein. Die Sitzung begann wie immer: »Großer Geist, wir rufen dich.« Im Glas erschien eine junge Frau, die mit nur dreiundzwanzig Jahren an Tuberkulose starb. Sie antwortete auf die Fragen »wo bist du« und »woher kommst du«: »Ich bin auf dem Hof« und »Ich bin auf dem Hof begraben«. Dass hinter dem Hufeisen-Haus einst der Armenfriedhof der Charité war, wo man ohne viel Aufwand die verstorbenen Patienten, Seuchen- und Hepatitis-C-Opfer beerdigte, hatte Anne von Nachbarn gerüchteweise gehört. In diesen Gerüchten und Gesprächen ging es vor allem um die Ratten, die vom alten Charité-Campus her kamen und die es sich nicht nehmen ließen, den Keller zu erobern und die Tonnen zu durchwühlen. Nach ihren Raubzügen zogen sie sich durch ihre Tunnel wieder in den Krankenhauspark zurück. Da also war der Geist hergekommen? Auf die Frage »was hast du« antwortete der Geist der jungen Frau »Hass« und »Wut«.

Bei den nächsten Fragen kam das Wort »Oficier«, genau so geschrieben, mit einem f und einem c. Im Laufe der Sitzung setzte sich die Geschichte zusammen: Der Geist im Glas war das Dienstmädchen eines »Oficiers«, der mit seiner Gattin einst in Annes Wohnung lebte. Das Mädchen schlief in der winzigen Kammer zum Hof. Sie war auch die Geliebte des Offiziers und richtig verknallt. Doch als sie an Tuberkulose erkrankte, scherte das den Mann wenig. Sie wurde auf dem Armenfriedhof der Charité begraben, nicht weit vom Wohnhaus entfernt. Der Mann aber führte ungetrübt sein Leben fort, nur sie allein war um alles Schöne betrogen. Deshalb die Wut. Nachdem die Freunde dies gehört hatten, beschlossen sie, etwas zu unternehmen. Die junge Frau tat ihnen natürlich wahnsinnig leid, eine aus der Runde heulte vor Ergriffenheit. Anne aber wollte vor allem die unbändige Wut aus der Wohnung kriegen. Sie öffnete eine weitere Flasche des außerordentlichen Rotweins und hielt eine Rede auf die junge Frau. Sie sprach über das kurze Leben, das der Armen nur vergönnt war, und über die denkwürdig schlechten Erfahrungen, die sie mit dem gefühllosen Mann gemacht hatte. Mit einer Schweigeminute gedachten sie ihres herben Schicksals und wünschten der Herzwunden nichts weniger, als ewigen Frieden zu finden. Dann war Ruhe im Glas. – Ja, auch dies ist ein ergreifendes Frauenschicksal aus der Invalidenstraße, zwar nicht von Fontane, aber immerhin aus dem Reich der Geister. Die Gespenster-Reporterin kann es natürlich nicht dabei belassen und schaut in den alten Stadtplänen der Jahrhundertwende nach. Hier findet sich tatsächlich der Alte Charité Friedhof, der genau hinter dem Haus 104 verlief. Er führte entlang der Hessischen Straße bis zum Waschhaus des Krankenhauses. Es gibt kaum noch Informationen über diesen kleinen Friedhof, nicht einmal die auf solche Fragen spezialisierte Mitarbeiterin der Charité, Frau Beer, die historische Geländeführungen anbietet, weiß etwas darüber. »Ich müsste sehr tief tauchen«, sagt sie. »Ich müsste sehr tief tauchen.« Den Friedhof gab es ab 1726. Heute steht auf seinem Platz die neue gläserne Mensa Nord und das Seminar für ländliche Entwicklung. Den urigen Mauern, wilden Efeubeeten mit ihren dunklen Hundertmeter-Ranken wäre zuzutrauen, dass sie Überbleibsel des Friedhofes sind. Aber vor Ort will nichts an die Begräbnisstätte für Arme und Kranke erinnern, nur alte Karten, Geisterdienstmädchen und Gerüchte unter den von Ratten geplagten Anwohnern tun es noch. Und was den »Oficier« angeht: In Haus 104 lebte tatsächlich ein Militärangehöriger, das geht aus den Berliner Adressbüchern hervor, speziell aus dem »Verzeichniß sämmtlicher Häuser Berlins mit Angabe derer Eigenthümer und Miether«. Ab 1893 lebte ein gewisser Müller dort, der in allen Adressbüchern der Folgejahre abwechselnd als Feldwebel und Lieutenant verzeichnet ist, und ab 1904 als »Lieutenant a. D.«; danach taucht er gar nicht mehr auf. Im Heer des Deutschen Kaiserreichs galten die »Feldwebellieutenants« als Offiziere bzw. Subalternoffiziere und konnten entsprechende Rangabzeichen und Begriffe in Anspruch nehmen. Ob dieser Feldwebel Müller nun der besagte Liebesschurke war, und ob er fesch war und ob die Geschichte mit dem lungenkranken Dienstmädchen überhaupt stimmen mag, das kann das Berliner Adressbuch nicht verraten. Diese Episode darf unheimlich bleiben.

Bevor wir es dabei bewenden lassen, noch eine allgemeine Überlegung hinsichtlich der besonderen Begabung, die Annes Leben begleitet: In ihrer Jugend in der DDR gab es viel mehr Geister, die sich ihr offenbarten. Sie brachte Kraft und Interesse für deren Geschichten auf. Dieses Interesse nahm mit zunehmendem Alter ab. Denn auch mit dem Rotwein und den eigenen Kräften muss man irgendwann haushalten. Besonders, wenn ein Kind zu versorgen, ein Mann zu lieben, ein Arbeitsleben zu führen ist. Der Weg der Weisheit, wenn er über den Wein führt, ist ein zu harter. Anne war in Berlin nicht mehr das Medium, das sie in Magdeburg einst war. Der Schrecken der Stasi, die Bezwingerin der Abhörwanzen über Zeit und Raum, das war sie jetzt nicht mehr. Was aber in Berlin geschah: Sie bemerkte, dass Geister und Gespenster von vielen Leuten versorgt werden. Anne trifft ständig Menschen, die von Geisterbegegnungen erzählen können. Wie ihr Nachbar, der Maler. Sie besuchte ihn und ihr war so, als wäre noch jemand in seiner Wohnung, vielleicht waren es Geräusche. Sie sah sich um.

»Ach, jetzt haste auch was gehört?«, sagte der Maler. »Ich habe eine Untermieterin, aber wer weiß, vielleicht ist es nur ein Traum.«

»Erzähl doch mal!«, forderte Anne.

Der Maler war skeptisch. »Es war wohl nur ein Traum.«

Dann erzählte er: »Ich lag auf dem Sofa und schlief ein. Eine Frau erschien, sie trug ein Kleid mit Schürze, lange Zöpfe. Wir blickten uns verwundert an. Mir war unwohl, ich wusste nicht, was ich ihr sagen könnte. Dann dachte ich plötzlich: Ich schlafe doch! Ich schloss die Augen und wachte wieder auf.«

Er zeigte Anne ein Bild, das er unmittelbar nach dem

Aufwachen gezeichnet hatte. Die Frau trug Schnürstiefel mit Absätzen, sie wirkte klein und ernst und überarbeitet. Eine Frau wie vor hundert Jahren. Seine Untermieterin.

Die Grufties von Ost-Berlin

Zufällig treffe ich Silke auf der Chausseestraße, wir bleiben stehen und sprechen über die Arbeit und die Kinder, die noch im Jahr zuvor in der Kindertagesstätte ein trautes Paar gewesen sind und sich jetzt gar nicht mehr sehen. Silke ist eine langbeinige und blondhaarige Sportlehrerin, sie spricht schnell und hastet ständig zwischen Volleyballplatz, Schwimmhalle und Universität hin und her. Entweder verschwitzt und rotbackig oder geduscht und dampfend. Sie lebt mit ihrem Mann, einem Meeresbiologen, der als Gastronom im Prenzlauer Berg sein Glück herausfordert, und einer besonders niedlichen kleinen Tochter in Pankow. Als Silke hört, dass ich auf der Suche nach echten Berliner Gespenstergeschichten bin, sagt sie, dazu könne sie etwas beitragen. Dass sie sogar Zeit für mich hat, ist mehr als ein Wunder. Wir gehen in das französische Café Marcann, in der Nähe ihres Volleyballplatzes. Während wir auf unsere Ofen-Baguettes warten, spricht Silke über den Film »Das Geisterschloss«, den sie am Abend zuvor auf Pro 7 gesehen hat. Sie fand den Film spannend, war aber auf dem Sofa eingeschlafen. Richtig gut habe ihr außerdem »Deathwatch« gefallen, ein Horrorfilm, der im ersten Weltkrieg spielt, wo es einen mysteriösen Nebel gibt, in dem eine Gruppe Soldaten grausig ums Leben kommt. Sie spricht völlig harmlos über diese Filme, als wären es nur irgendwelche Filme. Was im Nachhinein, wo ich von den seltsamen Vorgängen aus ihrer Jugend Kenntnis habe, ein wenig verwunderlich ist. Doch es scheint so zu sein, dass die Gespenster von Berlin einen Menschen wie Silke nicht dazu verleiten können, gleich das ganze Weltbild zu verändern.

Silke wuchs in Ost-Berlin auf, und als die Mauer fiel, war sie siebzehn Jahre alt. Sie kommt aus einer Familie von Lehrern und Apothekern hugenottischer Herkunft. Ihre Vorfahren hießen de Gland bzw. Gland und der Stammbaum lässt sich bis 1670 zurückverfolgen. Die Familie besaß mehrere Häuser und Apotheken in Berlin, bevor sie von der DDR enteignet wurden. Als nach der Wiedervereinigung Zeit war für die Restitution, schlug die West-Verwandtschaft zu. Die lieben Cousins aus dem Westen kannten sich mit dem Anwalts- und Papierkram ja so gut aus.

Silke und ihre Zwillingsschwester Maria wuchsen in einem Altbau im Prenzlauer Berg auf, in einer Seitenstraße der Greifswalder Straße. Das Haus wurde 1910 gebaut und die Fassade schon zu DDR-Zeiten saniert, was selten vorkam. Silkes Oma zog dort nach Kriegsende ein, die Familie war ausgebombt, der Opa gefallen, aber der Hausstand konnte gerettet werden. Die Oma stattete die Wohnung mit dem Mobiliar der Apothekersippe aus, dunkle, schwere Möbel aus dem 19. Jahrhundert. Die blieben dann stehen und stehen heute noch da. Die jüngsten Stücke stammen aus den 1930er Jahren, sind aber kaum weniger dunkel und schwer. In den Schränken das geerbte Geschirr, die fein gestopften Betttücher und die in Leder gebundenen Fotoalben mit den Bildern der Vorfahren. Die aßen an den Festtagen vom selben Geschirr und wickelten ihre Babys in dieselben Betttücher. Am ausführlichsten beschäftigten die Kosakensäbel die Phantasie der heranwachsenden Zwillingsmädchen. Die hingen im Flur und brachten jeden Besucher zum Staunen. Hier ist es ja gruselig, sagten die Leute, wenn sie zum ersten Mal die Wohnung betraten. Silke und Maria überkam in der Wohnung regelmäßig ein

Unwohlsein, dessen Quelle die Wohnung selbst zu sein schien. Vor allem die eigentümliche Thermik machte ihnen zu schaffen. Ein kalter Hauch wanderte regelmäßig durch die Zimmer und gab den beiden das Gefühl, beobachtet zu werden. Der kalte Hauch hatte nichts mit dem Lüften, den Türen oder Fenstern zu tun. Man spürte ihn auch in geschlossenen Räumen, wo er den Wäscheständer zum Wackeln brachte. Und wenn die kleinen Zwillingsmädchen abends allein zuhause bleiben mussten, mochte keines vom Hochbett klettern, um das Licht zu löschen. Keine wollte diejenige sein, die im Dunklen zurückhastete. Oft blieb das Licht an und auch das Radio, bis die Eltern zurückkamen. Das Hochbett war über viele Jahre die sichere Insel, die rettende Festung für die zwei blonden, furchtsamen Mädchen.

Eines Tages vertraute die kleine Silke ihrer Mutter an, dass sie die Wohnung unheimlich fand. Die Mutter reagierte sehr ernst. »Über einer Künstlerwohnung liegt immer ein starker Geist«, sagte sie. So erfuhr Silke, dass in der Wohnung eine Schriftstellerin gelebt hatte, eine unglückliche Frau mit einem starken Gefühlsleben.

Als Silke und Maria älter wurden, fühlten sie sich zu den Grufties hingezogen, von denen es schon einige in Ost-Berlin gab. Schwarz gekleidete junge Leute mit schwarz geschminkten Augenhöhlen, Kreuzen an langen Ketten, blutroten Lippen. Eine geträumte Beerdigungsgesellschaft, geeint in schwarz-weicher Traurigkeit. Es gab nicht viele Grufties in Ost-Berlin, aber genug, um auch zu wollen. Eine seltsame Fügung. Genügte ihnen der kalte Hauch nicht mehr? Was wollten sie noch von der anderen Seite? Die Zwillinge erbettelten sich schwarze Kleidung vom Vater, der Schiedsrichter-Trikots bestellen konnte, die einzige rein schwarze Kleidung, die es in der DDR zu kaufen gab. Maria nähte leidenschaftlich gern und schnitt aus alten Kleidern die schwarzen Einsätze heraus und fügte sie zu asymmetrischen, tief dekolletierten Blusen zusammen. Silke konnte dünne, lange Schals häkeln und Spinnweben aus Zwirn basteln, die sie in die Zimmerecken hängte. Silke war gemäßigter im Auftritt, eher New Romantic, Maria die Extremere. Maria machte sich mit Babypuder das Gesicht ganz weiß und malte die Augenhöhlen schwarz aus. Die DDR-Kosmetikserie »Action« bot beiden Schwestern den Spaß von schwarzem Nagellack und blutrotem Lippenstift. Mit Zuckerwasser brachten sie ihre Haare in Form und mit diesem nichtsozialistischen Aussehen traten sie vor die Tür. Der Friedhof wartete auf sie. Der halb verfallene, herrlich unheimliche, aufgelassene Friedhof vorne an der Greifswalder Straße, der Georgen-Parochial-Friedhof. Dort hockten sie auf den halb gekippten Steinplatten, umarmten weinende Engel und traurige Löwen, küssten gefaltete Hände aus Stein und besetzten die pompösen letzten Ruhestätten der einst wohlhabenden Berliner Familien aus dem 19. Jahrhundert. Laut lasen sie die Sprüche auf den Grabsteinen: »Sie war ein treues Frauenherz, im Glück bescheiden, still im Schmerz. Ruhe sanft!« – »Was unser Vater uns gewesen, Das sagt nicht dieser Leichenstein; Doch Mit- und Nachwelt sollen lesen, Dass wir auf ewig Dank ihm weihen.« Hier sangen sie die Refrains der Lieder von The Cure: *Why can't I be you? Why can't I be you?* Manchmal trafen sie auch andere Grufties, mit denen tranken sie Pfefferminztee aus der Thermoskanne, sprachen über ihre Haare und wie man sie am besten toupieren kann, und dann knutschte der eine mit der anderen und dann weinten sie, weil sie sich nicht tief im Herzen lieben konnten und der Schmerz sich banal anfühlte. Wie morbid das Leben sein kann, wenn man endlich kein Kind mehr ist. In diese Gruftie-Phase nun fallen die seltsamen Erfahrungen, die Silke und ihr Zwilling Maria mit den Gespenstern von Berlin machten. Denn Silkes Zwillingsschwester Maria, die impulsive, selbstsichere Maria, nahm eines Tages ein kleines abgebrochenes Grabkreuz vom Friedhof mit nach Hause. Sie legte es auf ihren Schreibtisch.

An dieser Stelle gehen wir kurz zurück in das französische Café an der Chausseestraße, wo Silke sitzt und von dieser Sache erzählt. Interessanterweise erwähnt sie das entwendete Grabkreuz erst ganz am Schluss ihrer Geschichte, nachdem sie von diversen anderen Spukereignissen berichtet hatte. Ereignisse, die hier noch nicht zur Sprache gekommen sind. Zuallerletzt kommt die Rede auf das Kreuz, und auch nur kurz. Als wäre das etwas, das zwar erwähnt werden muss, aber so, dass der Gedanke an einen Zusammenhang von geklautem Kreuz und Spuk gar nicht erst aufkommt. Dabei schien gerade das so nahe zu liegen. Dass Silke es nicht wahrhaben wollte, ist natürlich verständlich. Doch jetzt, wo sie erwachsen ist, respektiert sie die Grenze, die ein Friedhof darstellt. Damals aber, in ihrer Ostberliner Jugend, waren die Toten und die Grufties eine kleine, verschworene Partygemeinschaft. Der alte, stillgelegte Friedhof war ein Ort, wo die »Stinos« – die Stinknormalen – nicht hingingen. Hier hatten die Grufties gemeinsam mit den Toten ihre Ruhe. Außerdem einte sie der gleiche Sinn für Poesie, der gleiche Sinn für Musik: *Waiting for tomorrow never comes.* Aber es gibt Partygäste, die sollte man niemals mit nach Hause nehmen, wirklich niemals.

Der erste Spuk trat während eines Stromausfalls auf. Es wurde still und dunkel, nicht nur im ganzen Haus, gleich in der ganzen Straße. Silke hatte das Gefühl, jemand wäre mit ihr im Zimmer und beobachtete sie. Sie sah sich um, sie konnte trotz Dunkelheit etwas erkennen. Oben an der Decke war ein Nebel. Sie spürte einen Sog. Alle Geräusche verschwanden und die Ohren fühlten sich taub an.

Dann, an einem warmen Abend im Sommer, wo die Balkontür offen blieb und die Luft so dicke stand, dass der Baum vorm Fenster kein bisschen Abkühlung brachte, saß Maria auf ihrem Hochbett und nähte. Plötzlich bemerkt sie einen Druck auf der Bettdecke. Normalerweise ist eine Bettdecke außen kühl, aber die Decke war heiß und eine Hand kam heraus und schüttelte die ihre. Maria schrie. Da verschwand die Hand. Es gab ein Rascheln auf dem Balkon. Wo war sie hin? Maria konnte die ganze Nacht nicht mehr schlafen, sie war fix und fertig.

Eines Tages kam der Onkel zu Besuch. »Der Onkel kannte keine Geschichten von der Wohnung«, so Silke. Er wollte früh schlafen und legte sich auf die Couch. Als die Mädchen nachts heimkamen, fanden sie ihn im Bad, dort hatte er sich eingeschlossen, in der Hand ein Messer. Die Augen waren weit aufgerissen, als er endlich die Tür aufschloss und die Mädchen erkannte. Solche Augen! Er trat aus dem Bad, zitterte, sagte kein Wort. Sie gaben ihm ein Bier, und als das nicht half, auch noch den Weinbrand vom Vater. Er erzählte. Er lag auf der Couch und schlief. Plötzlich wurde es ganz kalt, er spürte eine Kälte, die langsam auf ihn zukam. Ihm war, als würde sie ihn gleich in den Nacken beißen. Da drehte er sich um und sah den Nebel im Wohnzimmer, und aus dem Nebel streckten sich ihm Hände entgegen. Sie kamen auf ihn zu, wie um ihn zu greifen. Da sprang er von der Couch, rannte in die Küche, nahm sich ein Messer und schloss sich im Bad ein. Dort verharrte er mit Herzrasen und mit solch übermächtigem Grauen, dass er fürchtete, vergehen zu müssen.

Silke hatte ihren Kaffee ausgetrunken und das Baguette gegessen. Sie musste zum Sportplatz.

Aber das Grabkreuz! Da gab es noch Fragen.

War es nun geklaut oder gefunden worden, gewissermaßen zugelaufen?

»Mir war nie ganz wohl dabei«, sagt Silke. »Ich mag das nicht, vom Friedhof. Aber damals zu Gruftie-Zeiten hat man das cool gefunden.« Sie nimmt ihre Tasche und will los.

»Wo ist das Grabkreuz jetzt?« Silke setzt sich wieder und holt Luft für die letzte Episode, die sie wohl lieber ausgespart hätte.

Das Grabkreuz lag noch eine Weile auf Marias Schreibtisch, ohne dass etwas passierte. Und irgendwann waren die Mädchen keine Grufties mehr. Die Mauer fiel, die Schulzeit war zu Ende, die eine Schwester begann eine Lehre und die andere Schwester fing im Prenzlauer Berg in angesagten Cafés zu kellnern an. Maria zog als Erste aus. Silke bestand darauf, dass Maria das Kreuz mitnahm. Maria nahm also das Kreuz mit in ihre Wohngemeinschaft und lehnte es dort an eine Wand in ihrem Zimmer. Zunächst passierte nichts, was an die Vorfälle in der elterlichen Wohnung hätte erinnern können. Doch als Maria nach einigen Monaten innerhalb der WG das Zimmer wechselte, ein helleres, aber kleineres Zimmer bekam, ließ sie einige Dinge im alten Zimmer zurück. Unter anderem das steinerne Kreuz. Die Frau, die das Zimmer übernahm, ließ das Kreuz einfach stehen. Sie war eine sehr in sich gekehrte Frau. Silke war oft in der WG zu Besuch, hat aber kaum Erinnerungen an sie. Die junge Frau ertrank während eines Urlaubs in Spanien, sie schwamm etwas zu weit hinaus und geriet in ein Gebiet mit gefährlichen Strömungen. Einige Leute aus der WG glaubten, dass es Selbstmord war, so depressiv hatte sie zuletzt gewirkt und eigentlich hätte sie in Behandlung gehört. Man hatte sich gewundert, dass sie überhaupt die Energie aufbrachte, in Spanien alleine Urlaub zu machen. Vielleicht trieb sie eine Todessehnsucht dorthin? Für die Eltern der jungen Frau aber war es ein Badeunfall.

An dem Tag, an dem sie ertrank, stand ihr Zimmer unter Wasser, das war merkwürdig. Keiner wusste, wo das Wasser eigentlich herkam, es gab ja kein Wasserrohr, nur einen Kohleofen. Maria, die beim Aufwischen half, sagte, dass das Wasser nach Meer und Muscheln roch. Dass die Mitbewohnerin im Mittelmeer ertrunken war, erfuhr die WG erst einige Tage nach dem Unglück. Da betraten sie ihr Zimmer noch einmal, auf der Suche nach einem Hinweis. Sie fanden einen Zettel über dem Grabkreuz, in ihrer Handschrift, irgendwas von Rilke: »Der Tod ist groß. Wir sind die Seinen lachenden Munds. Wenn wir uns mitten im Leben meinen, wagt er zu weinen mitten in uns.« Maria kannte den Satz gut, der Tod ist groß – DTIG. Nicht wenige Grufties hatten sich die Buchstaben auf ihre Jacken oder Hemden gemalt. DTIG. Sie entfernte den Zettel, um die Eltern der toten jungen Frau zu schonen. Maria beschloss, das Kreuz zurück auf den Friedhof zu bringen. Aber das Zimmer war inzwischen ausgeräumt. Das Kreuz verschwunden. Sie wissen nicht, wo es sich heute befindet. Silke hofft nur, dass es nicht wieder geschieht.

Wieso verwunschen

Mit den Grabstellen auf dem Dorotheenstädtischen Friedhof an der Chausseestraße ist es wie mit manchen Immobilien: Exklusiv ist gar kein Ausdruck. Urnen sind zwar
kein Problem, aber wer hier erdbestattet seine letzte Ruhe
finden möchte, muss einen Antrag an die Akademie der
Künste richten, die hat Belegungsrechte. Oder man wen-
det sich direkt an den Berliner Senat. Doch sollte man es zu
Lebzeiten möglichst zu etwas gebracht haben, um sich für
die Nachbarschaft der deutschen Intelligenzia zu qualifi-
zieren. Auf diesem legendären Friedhof liegen Anna Se-
ghers, Bertolt Brecht, Heinrich Mann, Gottfried Wilhelm
Friedrich Hegel, Heiner Müller und Thomas Brasch. Und
das sind nur wenige Beispiele für die besondere Klasse der
hier versammelten Toten.

Gar nicht begeistert war die erfolgreiche Geschäftsfrau
Minna Mohn, als sie entdeckte, dass die neu gemieteten
Räume ihrer expandierenden Agentur genau an die Friedhofsmauer grenzten. Sie hatte schon einmal schlechte Erfahrungen mit einem verfluchten oder zumindest zutiefst
unglücklichen Haus in Kreuzberg gemacht und hatte keine Lust, sich wieder so ein Ding ans Bein zu binden. Damals häuften sich die bizarrsten Vorkommnisse und Ärgernisse, die selbst den Handwerkern und Putzfrauen das
Fürchten lehrten. In verschlossenen und alarmgesicherten
Räumen wurde wiederholt jemand gesehen, Dinge verschwanden und ständige Streitigkeiten vermiesten die
Stimmung unter den Mietern. Und den Keller durfte man
gar nicht erst betreten. Mit Hilfe diverser Archive und
einem malaysischen Feng-Shui-Großmeister fand Minna

Mohn damals heraus, dass in jenem Haus, das zu einem Medien- und Kreativstandort hätte ausgebaut werden sollen, viele junge Menschen im Zweiten Weltkrieg als Zwangsarbeiter hatten leiden und sterben müssen. Wegen der ständigen Ärgernisse zog sie aus und saß plötzlich mit ihrem Schreibtisch an einem Fenster kurz über der Friedhofsmauer, von wo aus sie die Bestattung von Altbundespräsident Johannes Rau beobachten konnte. Da fasste sie einen Entschluss: »Bevor ich mir wieder so ein Ding ans Bein binde, kläre ich das.« Kein Zweifel, Frau Mohn ist eine willensstarke und vollkommen strukturierte Frau, und sie interessiert sich zwar für Feng Shui, eine lebensweltliche Beratung auf Grundlage von Astrologie, Architektur und Geologie – aber sie warnt: »Es gibt viel Hokuspokus auf dem Markt.« Ihr Berater, den sie abermals hinzuzog, war besagter Großmeister Yap Cheng Hai, ein international tätiger, über achtzigjähriger Geschäftsmann, der für asiatische Banken, Regierungen, aber auch Konzerne wie CNN-Istanbul arbeitet. »Ein Mann ohne Walla-walla, in feinstem Anzug, handgenähten englischen Schuhen, ein Millionär«, sagt Frau Mohn. Im Rahmen eines internationalen Feng-Shui-Kongresses, der in Berlin stattfand, hatte er ihr neues Haus in der Chausseestraße als Vortragsobjekt ausgewählt. Ohne Kenntnis der lokalen Gegebenheiten schwebte er mit einer Expertendelegation ein. Zunächst schüttelte er den Kopf, und seine Delegation gleich mit ihm – direkt am Friedhof! Also nein! »Für Asiaten geht das gar nicht«, sagt Mohn. »Man lebt oder arbeitet nicht an einem Friedhof. Aber wir sind ja nicht in Asien.« Yap Cheng Hai also machte seine Berechnungen und begab sich auf eine Trancereise. Sie dauerte nur Sekunden. Als er aufwachte, fragte er die Experten nach ihrer Meinung. Die waren sich ganz einig, dass der Standort nicht funktionieren könne, eine Friedhofsgrenze als Arbeitsplatz, einfach unmöglich. Doch Yap Cheng Hai zeigte sich nicht dogmatisch. Er war begeistert. »*This is a really good place for you and your business. Only good people! No rubbish!*« Er sagte, er hätte auf seiner Trancereise erfüllte, zufriedene Seelen angetroffen, vor allem sehr viele Künstler. Nur ein Einziger unter ihnen wäre sehr traurig und ruhelos, ein Schriftsteller mit Ziegenbart, der hätte ein Alkoholproblem gehabt. Aber man müsse keine Angst vor ihm haben, er würde auf seiner Seite bleiben und ihr nichts antun. Und wirklich, das Nebeneinander von toten Künstlern und lebenden Medienleuten funktioniert wunderbar. Frau Mohn führt durch weitläufige, belebte Höfe. Dann zeigt sie auf eine Intarsienarbeit im Boden des Seitenflügels, zwei kreisförmig eingefasste Siebensterne. Es sind die Zeichen eines Druidenordens, der hier früher ansässig war. Das habe ihr eine alte Frau erzählt, die auf den Hof kam, um die Intarsien des Druidenordens abzuzeichnen, sagt Minna Mohn. Sie habe das geprüft und herausgefunden, dass der Siebenstern als Pathosformel für Dinge wie Einigkeit, Frieden und Eintracht steht. Also noch mehr *good vibrations*! Als wäre das nicht Sensation genug, präsentiert sie im Vorderhaus eine Freske auf einem versteckten Treppensims, an der man achtlos vorbeigeht, wenn man nicht eingeweiht ist: Zirkel und Winkel, das Zeichen der Freimaurer, die hier einst eine ihrer geheimen Logen hatten. Die Konzentration an Zeichen der Vergangenheit in direkter Nachbarschaft zum Dorotheenstädtischen Friedhof ist schwindelerregend. Minna Mohn verabschiedet sich, sie hat so viel Business zu tun.

Ein Teil der Geschichte fehlt noch. Was genau geschah an dem vorherigen Firmensitz von Minna Mohn, dort, wo während des Zweiten Weltkriegs Zwangsarbeiter untergebracht waren? Was war das für ein Spuk, der sie bewog, diese Adresse aufzugeben? Und spukt es immer noch? Die Antworten darauf lassen auf sich warten. Minna Mohn reagiert nicht auf weitere Nachfragen und Mails, und bei ihrer Sekretärin ist kein Durchkommen. Minna Mohn hat keine Zeit mehr für Geisterjäger, es muss ohne sie weitergehen. Das Haus steht am Tempelhofer Ufer in Kreuzberg, in der Nähe des Halleschen Tors. Im Vorderhaus befinden sich ein Hostel, im Hinterhaus ein Ableger des Theaters Hallesches Ufer und eine Tanzakademie. Über den Hinterhof ist Musik zu hören, englisch gebrüllte Kommandos, probende Tänzer. Der Hof ist gepflegt, aber nicht einladend. Am Ende angelangt, auf dem zweiten Hof, blickt man auf eine unverputzte braungraue Fassade eines Miethauses aus der Parallelstraße. Jeder einzelne windschiefe Ziegel ist zu sehen. In Neapel wäre das malerisch, hier wirkt es wie ein kaputter Gruß aus einem zahnlosen Maul. Ein breiter langer Mann mit silbergrauen Haaren steht vor einer ausgebauten Remise und bemerkt den unsicher herumsuchenden Blick.

»Kann ich Ihnen helfen?«

»Guten Tag. Ich interessiere mich für alte Häuser und deren Geschichte. Wissen Sie zufällig etwas über die Zwangsarbeiter von Telefunken, die hier früher untergebracht waren?«

»Nee, hier gab es keine Zwangsarbeiter. Hier war eine Dreherei. Schauen Sie mal.«

Er winkt, man darf die Remise betreten, in dem sich ein professionelles Fotoatelier befindet. An der Wand hängt ein Plakat, überlebensgroß zeigt es den ehemaligen grünen Außenminister Joschka Fischer. »Sind Sie zufällig Jim Rakete?«

»Ja!« Der Fotograf deutet auf Decke und Wände, wo sich grau getünchte Stahlträger befinden. Dazu Stummel von Kranhaken, Querstreben. »Das alles gehörte zu der Dreherei«, sagt er. »Einmal kam ein alter Mann vorbei, der erzählte mir, er hätte hier als junger Mann eine Ausbildung zum Dreher gemacht.«

»Was macht eigentlich eine Dreherei?«

»Keine Ahnung. Was genau interessiert Sie an alten Häusern?«

Der Mann will es wissen, also soll er es wissen.

»Ich suche unheimliche Geschichten über Spuk und Gespenster.«

Er nickt, dann erzählt er von einem Buch des russischen Fotografen Jewgeni Chaldej, der im Mai 1945 mit der Roten Armee nach Berlin kam. Das sei der Mann gewesen, der das berühmte Foto von der gehissten Fahne auf dem Dach des Reichstags gemacht hat. Dieser russische Fotograf war auch am Halleschen Tor und fotografierte die eingestürzte U-Bahn-Brücke im Landwehrkanal, die umherirrenden Menschen und die Bombenschäden. Jim Rakete sucht das Buch des russischen Fotografen in Stapeln und Regalen, auf Tischen, aber er kann es nicht finden. Er sagt, er hat es vermutlich seinem Vater gegeben. Wir verlassen das Atelier und stehen wieder auf dem Hof. Er wird zornig. »Warum beschäftigen Sie sich mit so einem Scheiß? Verwunschene Häuser!? So ein Scheiß!«

Ohne eine Antwort abzuwarten, entfernt er sich, ungeheuer flink, zur Straße und ist weg. Schockiert und mit wackligen Knien gehe ich ins Quergebäude. Die Namen auf den Briefkästen werden mit einem ausgesprochen miesen Gefühl notiert. Gott sei Dank sieht das niemand. Das zusammengestauchte Selbstbewusstsein würde für Erklärungen nicht mehr reichen. Und weitere Mieter anzusprechen ist nun ganz unmöglich. »Entschuldigung, spukt es vielleicht bei Ihnen? Haben Sie auch schon den Geist einer unglücklichen Telefunken-Zwangsarbeiterin bemerkt?«

Der zornige Fotograf hat ja recht: Verwunschene Häuser? So ein Scheiß!

Wieder auf der Straße, zurück im Licht der Sonne, zerstäubt der Traum von der Gespenstergeschichte und dem ganzen Gespensterbuch. Die Schimpfe des erfolgreichen Porträtisten von Politikern, Schauspielern und Showstars hat das zutiefst Lächerliche dieser Geistergeschichtenjagd deutlich gemacht. Jeder Schritt auf diesem Terrain lächerlich, jede Frage lächerlich. Deshalb wird sie mit unsicherer Stimme gestellt. Darauf hoffend, dass die Befragten das Spiel mögen, als eine Art neuer Mode aus Berlin, diese Gespenster eben. Aber eines bleibt merkwürdig. Das Wort »verwunschene Häuser« hat allein er benutzt. Dieses Märchenwort reinster Güte ist vorher nie gefallen. Verwunschene Häuser. Wieso nur hat der Fotograf »verwunschene Häuser« gesagt?

ZwangsarbeiterInnen im Tempelhofer Ufer 10

Die Telefunken GmbH unterhielt im Quergebäude ab 1941 ein Zwangsarbeiterlager, in dem zunächst 119 Französinnen untergebracht waren. Später reduzierte sich die Anzahl und es kamen auch Männer dazu. Unweit von hier hatte die Telefunken, seit 1941 dem Elektrounternehmen AEG zugehörig, ihr Werksgelände: Am Halleschen Ufer 10.

Telefunken war die führende Firma auf dem Gebiet der elektronischen Kriegsführung im Dritten Reich. Sie stellte die Gerätschaften für Funk- und Radarnetze her: Richtfunknetze der Wehrmacht, Flugzeug- und Bordradar, Peilgeräte für die Luftwaffe sowie Warnempfänger für die U-Boote der Kriegsmarine.

Im Oktober 1943 wurde das Lager vermutlich auf das Nachbargelände Tempelhofer Ufer 8 verlegt.

Doch die Angaben in den noch verbliebenen Dokumenten, vor allem der Schriftverkehr zwischen dem Polizeiamt Mitte und dem Gesundheitsamt Kreuzberg, führen unter dieser Adresse noch bis zu 55 männliche und weibliche Insassen hauptsächlich aus den Niederlanden auf. Allerdings mit der Hausnummer 110. Die 110 aber ist eine Geisteradresse, das Tempelhofer Ufer endete schon bei der Nummer 37. Es liegt wohl ein Abschreibfehler vor.

Wie sehr Berliner Zwangsarbeiter – im damaligen Jargon weniger treffend »Fremdarbeiter« genannt – unter der Gefangenschaft und Versklavung leiden mussten, lässt sich durch wenige Hinweise verdeutlichen: Tausende von ihnen starben an Tuberkulose, der so genannten »Lagerkrankheit«, infolge von Überbelegung und Mangelernährung. Die Menschen waren in den Bombennächten schutzlos, durften sich nicht in die Luftschutzkeller begeben und waren zum Teil gezwungen, lebensgefährliche Wachen bei Luftangriffen zu übernehmen. Sie waren in allem schlecht versorgt und hatten ständig Angst um ihr Leben. Die Anzahl der Berliner ZwangsarbeiterInnen verschiedener Herkunft bewegte sich zwischen anfänglich 110 201 (April 1941) bis hin zu maximal 421 123 (Juni 1944) auf zuletzt geschätzte 370 000 Personen.

Die Scham und Schockstarre nach der Schimpfe des Promi-Fotografen ist nach einem halben Jahr überwunden. Zu einigen wenigen Namen der Hausbewohner, damals verschämt von Briefkästen abgeschrieben, ließen sich Telefonnummern finden. Der erste Versuch. Ein freundlich klingender Mann geht an den Festnetzapparat, und er hört sogar zu. »Können Sie mir etwas über Ihr Wohnhaus erzählen?«

»Dieses Haus hat viele Geschichten. Welcher Abschnitt interessiert Sie denn am meisten?«

»Zum Beispiel die Zeit, als Zwangsarbeiter der Telefunken AG dort untergebracht waren. Wissen Sie was darüber?«

Der Mann sagt, diese Zeit interessiere ihn auch sehr, und er habe bereits davon gehört. Dem Gebäude selbst wäre anzumerken, dass es kein reines Wohnhaus gewesen sei. Überall gebe es Verbindungen zu dem Nachbargrundstück, zugemauerte Gänge, verschlossene Türen und ein sehr weites, zum Teil verschüttetes Kellersystem.

»Von den baulichen Maßnahmen her waren die Nummer 8, 9 und 10 miteinander verbunden und von quasi-militärischen Strukturen geprägt.«

»Würden Sie meinen, dass das Haus unheimlich ist, eine besondere Atmosphäre von ihm ausgeht? Es gibt ja Leute, die sich regelrecht fürchten, wenn alte Häuser alte Geschichten verströmen, die finden das gruselig und stellen sich sonst was vor.«

Diese leise Andeutung, welches nicht ganz alltägliche Thema hier eigentlich berührt werden soll, kommt daher wie eine Angel mit einem halben Wurm dran. Da kann etwas anbeißen, muss aber nicht. Doch erfährt die Sache nun eine entscheidende Wendung. Der freundliche Mann am Telefon liefert das Gespenst vom Tempelhofer Ufer.

»Ach, Gespenstergeschichten suchen Sie! Ja, den Spuk kann ich Ihnen sehr leicht erklären. Hier spukt es wirklich, jemand machte Dinge, die Geister auch tun. Und Spuk hatten wir reichlich!«

In dem Gebäudekomplex, so erzählt der Mieter, trieb jahrelang ein Hauswart sein Unwesen. Dieser Hauswart habe selbst über die Jahre vier verschiedene Wohnungen in Vorderhaus und Quergebäude bewohnt – »der hat hier überall sein Pipi gemacht« – und wenn er neuen Mietern die Schlüssel ausgab, behielt er immer welche für sich ein. Der Mann habe den Ort durch Präsenz und Einmischung regelrecht in Besitz genommen. »Kontrolliert, verwaltet, terrorisiert«, sagt der so freundlich Auskunft gebende Mann am Telefon. Der Hauswart sei in Wohnungen eingebrochen, habe fremden Besitz beschädigt, Leute bedroht. Jahrelange Beschwerden hätten nichts bewirken können. Als schließlich herauskam, dass der Hauswart den Keller als Drogenumschlagplatz zur Verfügung stellte, und man ihn auf frischer Tat bei irgendeinem neuen Mist ertappte, sei man ihn endlich losgeworden. »Er hat Amt und Wohnung verloren. Aber manchmal geistert er hier noch rum. Ich hab ihn schon wieder rumgeistern sehen. Aber wenn er mich sieht, haut er ab. Er weiß, von mir kriegt er was auf die Fresse.« Die unerquickliche Bekanntschaft mit jenem Hauswart, die der Mann am Telefon detailreich und glaubhaft beschreibt, habe schließlich ein Ende gefunden. Nur sei die Freude darüber durch den Umstand getrübt, dass das Haus nun einer Bande von Wiener Zuhältern gehört, die an der Börse notiert sind. Aber das ist eine andere Geschichte. Das Telefonat endet an dieser Stelle. Der spukende Hausverwalter soll für weitere Zwecke einen besonderen Namen erhalten: Dirty Harry.

Betrifft: das Gespenst vom Tempelhofer Ufer
  Liebe Minna Mohn,
ich kann dir erzählen, dass ich das Gespenst vom Tempelhofer Ufer gefunden habe. Es geisterte wirklich jahrelang
herum – mit Unterbrechungen – und hieß Dirty Harry. Der
Mann war Hauswart und Psychopath und ist bei den Mietern eingebrochen. Er hatte wohl Schlüssel einbehalten.
Nach jahrelangem Umtrieb hat man ihn gefasst und er ist
seinen Job und seine Wohnung los. Aber manchmal geistert er heute noch übers Gelände. Wusstest du das?
  Ich finde aber nichtsdestotrotz, dass es ein seltsames
Haus ist und dass das traurige Schicksal der jungen
Zwangsarbeiter von Telefunken dort eine greifbare atmo-
sphärische Spur hinterlassen hat.

Re: das Gespenst vom Tempelhofer Ufer
  Liebe Sarah Khan,
das mit Herrn Dirty Harry ist ja amüsant. Ich kenne ihn
sehr, sehr gut, und dass er unkoschere Dinge treibt, war
hinlänglich bekannt. Auch unsere Mietergemeinschaft versuchte ihn kündigen zu lassen. Er hat allerdings mit den
»Erscheinungen«, die meine Mitarbeiter und Kollegen dort
wahrgenommen haben, wenig zu tun. Er war höchstens
ein realer Auswuchs des Ganzen im Hier und Jetzt.
  Dass der Mann noch mal zur Buchfigur aufsteigt, wird
ihn freuen, das war, glaube ich, bei allem sein größtes Anliegen. Er wollte beachtet werden. Und krank war er auch,
und intelligent. Aber auch sympathisch, wenn man über
die Zähne und den Gestank hinweggesehen hat. Aber total
verschlagen. Eine Figur eben. Zu viel zum Schreiben. Wir
sollten uns treffen, dann erzähle ich dir mehr.

Nach fast zwei Jahren kommt das Wiedersehen mit Minna Mohn und einiges hat sich verändert. Die Stimmung in ihrer Branche hat nachgelassen. Die Wirtschaft hat die Krätze, Werbung schrumpft und Minna Mohn hat plötzlich Zeit für einen langen Abend mit Pasta, Wein und vielen Gespenster-Geschichten in ihrer Küche. Sie hat Lust, von der guten alten Zeit zu reden. Kaum vergangen, gehören die schnellen Jahre der wirtschaftlichen Blüte schon einer anderen Epoche an. Dirty Harry besetzt dabei die Rolle des Pistolero, romantisch fast. Wenn Minna ihn beschreibt, dann ganz anders als der Mann am Telefon, eher so: Ein Denunziant, ein Katzenliebhaber, ein Wasserbettbesitzer, ein Fernsehsüchtiger. Aber Gespenst? Nein – wirklich nicht. Da muss man unterscheiden, sagt sie. Denn beim Gespenst vom Tempelhofer Ufer handelt es sich um eine Frau. Und es war so:

Meister Yap Cheng Hai, der altehrwürdige Feng Shui-Meister aus Malaysia, hatte sie ja schon einige Jahre vor seiner Beratung in der Chausseestraße bereits im Tempelhofer Ufer besucht. Hier ging er auf eine lange, ihn auch stark beanspruchende Trancereise, die über eine Stunde dauerte. Minna Mohn erinnert sich, wie schwer es ihr fiel, geduldig auf das Ergebnis zu warten, wie sie schließlich dabei einschlief. Viele hundert Seelen hätte Meister Yap Cheng Hai im Tempelhofer Ufer angetroffen, Unglückliche, Verzweifelte, Verunfallte. Nicht nur Menschen aus der Zeit des Krieges und der Zwangsarbeit, auch aus vorherigen Zeiten. Ein Junge sei im Hof ertrunken, und ein alter Mann hätte es mit angesehen und konnte ihm nicht helfen. Yap Cheng Hai riet Minna Mohn, im Hof einen Springbrunnen aufzustellen. Sie tat es und die Nachbarn meinten, der habe alles zum Schönen verändert. Sie nahm den Springbrunnen beim Umzug mit, leider hat niemand einen neuen dort aufgestellt.

Es gab noch einen weiteren Rat von Yap Cheng Hai: »Du musst den Hintereingang benutzen.« Er kannte den Hintereingang nicht, er wusste nicht, wie umständlich es war, diesen dunklen Ort zu erreichen. Aber Minna hielt sich an das Gebot des Meisters und kletterte täglich über Schutthaufen und zwängte sich durch Gebüsche, um zu diesem Hintereingang zu gelangen. Sie war die einzige aus dem Haus, die ihn benutzte, und natürlich zog sie den Spott der Mitmieter auf sich. Das Komische aber war, dass genau dort, am dunklen Treppenaufgang des Hintereingangs, immer eine Frau stand und rauchte. Sie war blond und trug zeitgemäße Kleidung. Sie antwortete nie, wenn man sie ansprach, schaute nur und rauchte. Und merkwürdigerweise fand Minna Mohn niemals Asche oder Kippen. Als wäre sie doch nie dort gewesen, wo sie ständig rauchend stand.

Eines Morgens erschien Minna Mohn verspätet, die Räume waren noch verschlossen und eine Gruppe von Handwerkern sowie die Putzfrau warteten im Hof auf sie. Sie merkte gleich, dass die Leute verstört waren. Was habt ihr denn?, fragte sie. Da war eine Frau am Fenster, sagten sie. Die Frau ging durch die Agentur, stellte sich ans Fenster und schaute raus.

Kann gar nicht sein, sagte Minna Mohn, die Agentur ist doch geschlossen, die Alarmanlage wäre losgegangen.

Sie beharrten darauf, sie hätten eine Frau gesehen, die durch die Agentur ging, ein Fenster öffnete und hinausschaute, durch die Leute durch.

Die Putzfrau beschrieb die Frau, und Minna glaubt, dass

es jene Raucherin aus dem hinteren Treppenhaus war, die komische Frau, die keine Spuren hinterließ, die Frau, die niemand sonst jemals sah. Als Minna mit den Handwerkern die Agentur betrat, stellten sie fest, dass die Alarmanlage einwandfrei funktionierte, und konnten sich keinen Reim auf die Sache machen. Die Putzfrau aber war eine echte Schwarzwaldhexe, die sich mit allerlei Gegenzauber auskannte und nun ordentlich Gebrauch davon machte. Sie kam jeden zweiten Tag und machte es sich zur Gewohnheit, Kräuter in den Agenturräumen zu verbrennen. Aber Minna Mohn wollte es genau wissen. Dirty Harry gab ihr den Rat, im Liegenschaftsamt nach Dokumenten über das Haus und die ehemaligen Bewohner zu fragen. So fand Minna heraus, dass der Kunstschmied Eduard Puls bis 1910 im Haus und in der Remise im Hof seine Kunstschmiedewerkstatt hatte.

Eduard Puls war ein in Berlin und weit darüber hinaus berühmter und viel beschäftigter Kunsthandwerker, der elegante Treppen und Brüstungen für Wohnhäuser, Ministerien und Villen schuf, sogar für das kaiserliche Palais. Er verzierte Brücken, Mausoleen, Grabmäler und konstruierte ornamentale Tore und Balustraden. Er war derjenige, der die Formen der deutschen Renaissance für den kunsthandwerklichen Metallbau entdeckte und popularisierte. 1877 veröffentlichte er eine große »Mustersammlung moderner schmiedeeiserner Ornamente« und legte damit und mit seinen innovativen Fertigungstechniken für Jahrzehnte den Grundstein seiner Zunft. 1885 arbeiteten 150 Kunstschlosser an 40 Schmiedefeuern in der Puls'schen Werkstatt. 150 Kunstschlosser! 40 Schmiedefeuer! Das Tempelhofer Ufer muss bis 1910 geglüht und geraucht haben.

Eduard Puls starb 1910, im siebzigsten Lebensjahr. Gleich nach seinem Tod siedelte die Witwe mit der Firma nach Tempelhof, in den Süden der Stadt. In den 1930er Jahren baute die Firma Puls die erste Ampel Europas auf dem Potsdamer Platz.

Vierzehn Projekte und Zeichnungen von Eduard Puls sind durch das Architekturmuseum der Technischen Universität Berlin dokumentiert. Weitere wichtige Arbeiten der Firma waren die Eisenarbeiten für die Markthalle in der Dorotheenstraße in Mitte in den 1880er Jahren, die wegen Unrentabilität geschlossen und abgerissen wurde; und Arbeiten für das Reichspostscheckamt, das auf dem gleichen Gelände entstand – heute ist dort das Bundespresseamt. Die Puls'sche Treppe im Reichspostscheckamt ist auf zeitgenössischen Fotografien zu sehen, in der Zeitschrift »Berliner Architekturwelt«. Eine Geisterwelt eröffnet sich da: ein Palast aus deutscher Traumzeit, der sich Postamt nennt. Menschenleer, kurz vor seiner Einweihung. Unbesetzte Schalter, hohe, elegante Pulte, ein prächtiger Deckenbogen mit Reichsadler und lichte, weite Flure. Diese Geisterfotos erzählen davon, wie die Berliner Öffentlichkeit sich schön machte für die kurze Zeit der goldenen zwanziger Jahre.

Mit dem Hinweis auf Eduard Puls kam Ruhe in den Laden. »Insgeheim wussten wir, dass er dort immer noch das Heft in der Hand hält«, sagt Minna Mohn. Er erschien ihr sogar im Traum. »Ein Mann mit Hut und schwarzem Umhang, er führte mich an der Hand durchs Haus.« Als sie ein Porträt des Kunstschmiedes zu Gesicht bekam – ein schmaler Mann mit feinem Anzug, Henriquatre-Bart und dunklem Haar –, erkannte sie ihn als den Mann aus ihrem

Traum. Die Putzfrau sagte beim Blick auf das Bild trocken, sie habe diesen Mann auch schon im Haus gesehen.

Ein ganzes Jahr blieb es harmonisch. Doch brennende Kräuter, wunderliche Träume und plätscherndes Brunnenwasser konnten nicht verhindern, dass wieder neue Spannungen und Ärgernisse auftraten. »Diesem Haus kann ich nicht mehr helfen«, wusste Minna Mohn plötzlich. »Es arbeitet gegen mich.« Da konnte sie loslassen. Heute versteht sie nicht, wie sie es am Tempelhofer Ufer so lange ausgehalten hat. »Man sucht immer seine Schule.«

Quellen: Berliner Architekturwelt: Zeitschrift für Baukunst, Malerei, Plastik und Kunstgewerbe der Gegenwart, Heft 20, 1918, S. 257-276 (Abbildungen 368-389). Im Internet einsehbar durch die Elektronische Zeitschriftenbibliothek der Zentral- und Landesbibliothek Berlin.

Die Alte

Der Geist der alten Frau, die 1902 in Schlesien geboren wurde und 1997 in Berlin starb, mahnt, dass man von ihresgleichen nicht die großen Geschichten erwarten darf. Schon im Film »The Sixth Sense« zeigte sich, dass nicht jeder Geist ein Video mit der Dokumentation seiner Ermordung beibringen kann. Auch Botschaften wie »Hi« oder »Ich habe gesehen, wie du in der Schulaufführung getanzt hast!«, wie sie der junge Schauspieler Haley Joel Osment in seiner Rolle als Medium übermittelte, genügen den Gespenstern.

Ein Mietshaus in Mitte, der Zionskirchplatz ist nah. Hier will Sandra den Geist der alten Frau wahrgenommen haben. Das Haus war einmal voll mit alten Frauen, doch die starben rechtzeitig, als es losging mit dem Bevölkerungsaustausch; Ost und Alt raus, West und Jung rein. Diese Alte aber hatte noch Lebenszeit und fand sich Anfang der neunziger Jahre plötzlich in einer chaotischen WG wieder. Man lebte wie im Zirkus, das Leben ein Gastspiel. Studenten, die ganztags das Leben der Boheme probten, sich dabei langsam zu Filmemachern, Tänzern, Schauspielern und Fotografen verwandelten.

Die Alte hatte eine Tür, mitten im Flur, die sie schließen konnte, dann war sie in ihrem Bereich, aber das Bad musste sie mit den jungen Leuten teilen. Eine Lebensweisheit gab sie den jungen Frauen in der WG besonders gerne mit auf den Weg: »Putzen, Mädels, dann kriegt ihr auch einen Ehemann!« Sie wurde wirr, roch überall Stasi. Sie stützte sich auf die Waschmaschine, wenn sie aufs Klo ging. Eines

Nachts stand da keine Waschmaschine mehr, die Mitbewohner hatten sie umgestellt und vergessen, es ihr zu sagen. Sie fiel böse hin und die Stasi war schuld, meinte sie,
die Stasi baut hier alles um. Am nächsten Tag war sie tot.
Das war 1997. Ihr Geist blieb und knipste in den ersten Jahren danach die Lampen im Flur aus. Man konnte ihn nicht
durchschreiten, ohne plötzlich im Dunkeln zu stehen.
Dann zog Sandra ein, es war Frühjahr 2001, sie war knapp
dreißig Jahre alt, das erste Mal fort von zuhause, Träume
im Gepäck, das Übliche. So richtig passte sie nicht in die
WG, das Künstlerische war ihr zu anstrengend. Nach einer
Woche sagte sie: »Sorry, Leute, aber hier spukt es doch.«
Dann erst erzählte man ihr von der Alten, einer Putzfanati-
kerin, kinderlos und etwas wirr. Putzen, Mädels, dann
kriegt ihr auch einen Ehemann. Und dass sie genau dort
starb, wo Sandra ihr Bett aufstellte. Das passte, alles passte
plötzlich. »Als ich anfing mein Zimmer das erste Mal zu
putzen, fühlte ich eine Energie, die mich packte und mir
einen ordentlichen Schubs gab! Eine unglaubliche Freude!
Da war was und beobachtete mich mit meinen Gefühlen.«

Und irgendwie war ihr auch, als würde sich der Fernseher am liebsten auf die dritten Programme umschalten,
auf Seniorensendungen, Blaskonzerte, Gartenschauen.
Sandra zog nach wenigen Monaten wieder aus, sie kam
mit dem Kohleofen nicht zurecht und fror. Sie fand einen
Mann, eines Nachts im Bergstüb'l stand er da, und bekam
zwei Kinder von ihm. Und doch: »Ich wollte mich nicht
von dem putzfanatischen Geist einer kinderlosen, ein-
samen Frau anknabbern lassen«, erinnert sie sich heute.
»Aber mit dem Slogan ›Putzen, Mädels, dann kriegt ihr
auch einen Ehemann‹ hatte sie Recht. Mein Mann war damals noch verheiratet, als ich ihn traf, wenn auch schon in
Trennung.«

Ist das die Botschaft, die dieser Geist für uns bereithält – Putzen, Mädels? Nachfragen im Haus ergeben, dass die WG sich gerade auflöst. Die derzeitige Bewohnerin des Zimmers hat nichts von einem Geist bemerkt, kann aber erzählen, dass sich die Nachbarn von unten regelmäßig beschweren, dass aus ihrem Zimmer nachts Geräusche kämen, als würde sie Möbel rücken. »Aber ich rücke nachts keine Möbel!« Soso. Und was sagt der Nachbar von nebenan? Es ist kein Geringerer als der bekannte Stadtsoziologe und Architekturkritiker Dr. Hoffmann-Axthelm. Er plädierte öffentlich für eine dichtere Bebauung von Berlin-Mitte mit Wohnhäusern. Besonders der Mauerstreifen an der Bernauer Straße, so schrieb Hofmann-Axthelm in einem Zeitungsartikel, sei mittlerweile zu einem »riesigen Hundeauslaufgebiet« verkommen. Die Musealisierung der innerdeutschen Grenze blockiere die Entstehung einer lebendigen Stadtlandschaft zwischen dem Ost- und Westteil der Stadt. Zur Geistersache im eigenen Wohnhaus befragt, sagt Hofmann-Axthelm, dass seine Frau auch den Eindruck habe, dass es im Haus spukt. »Das sind die bösen Geister derjenigen, die früher hier lebten und jetzt meine Frau am Schlaf hindern.«

»Schläft Ihre Frau denn in den Spukzimmern?«

»Ja, natürlich.«

Der Eigentümer der Spukwohnung erinnert sich nicht mehr an den Namen der Alten. Er will die Wohnung, nachdem endlich der letzte WG-Bewohner rausgeklagt und ausgezogen ist, sanieren und umbauen. Er bietet die Wohnung gleich am Telefon zur Miete an, aber nur als Zwischennutzung, und nur für zwei Jahre. »Die Miete würde natürlich steigen, aber nicht exorbitant.«

Dann findet sich endlich eine Nachbarin, die die Alte noch persönlich kannte. Sie beschreibt sie als einen »sehr unglücklichen Menschen«. Sie hätte mal ein Pflegekind gehabt, das nahm man ihr weg, und das hätte sie seelisch nie verwunden. Ihr Mann war ein Säufer, den schmiss sie schon früh raus. Und am Ende ihres Lebens sei sie Erbschleichern in die Hände gefallen, die hätten auf all das Geld spekuliert, das sich eine 95-jährige Rentnerin in Jahrzehnten vom Mund absparen kann. Überall hätte sie ihr Geld versteckt, aus Angst vor der Stasi, für die einige ehemalige Hausbewohner damals gearbeitet hatten. Von daher kam ihre Stasi-Paranoia, durchaus begründet.

Unter dem Linoleum, erzählt die Nachbarin weiter, in den Möbeln, hinter der Tapete hatte sie Geld versteckt und es dann vergessen. Man musste ihr oft helfen, das Geld zu finden, es war schon spaßig, aber sie hörte nicht damit auf, das Geld in die kleinen Ritzen zu stecken, wo kaum ein Finger hinkam.

Et bien! Verstecktes Geld, Möbelrücken, Putzen, Mädels. Langsam wird ein Muster erkennbar. Die Nachbarin kennt den vollständigen Namen der Alten und weiß, wo sie begraben ist. Sie liegt auf dem Sophien-Friedhof der Evangelischen Gemeinde. Er befindet sich zwischen der Acker- und der Bergstraße, geht bis zum Mauerstreifen an der Bernauer Straße. Sie hieß Emilie.

Im Verwaltungsbüro des Friedhofs wird einem das Grabfeld nach einem schnellen Blick in einen Computer mitgeteilt. Niemand hat sich als Grabpfleger oder Angehöriger eintragen lassen, bemerkt die Sachbearbeiterin mit vorwurfsvollem Blick. Es gebe generell immer weniger Erdbestattungen und familiäre Grabpflege, sagt sie traurig.

Der Friedhof ist besonders schön, das machen die großen Bäume und die schmuckvollen Gräber aus anderer Zeit. Vorbei geht es an den imposanten Gräbern der Musikfamilien Kollo und Bechstein. Sogar ein »letzter Enkel« von Johann Sebastian Bach, der Musikus Wilhelm Friedrich Ernst, liegt seit 1845 hier. Hoch thronende, schwarzglänzende Steine behaupten sich eindrucksvoll als letzte Distinktionen Berliner Bürger. Obelisken mit kostbaren Verzierungen und gemeißelte Sätze: *Der Tod ist groß.* So eine Aussage verbietet jeden weiteren Dialog mit denen da unten, wenn es nicht schon das Naturgesetz tut. Friedhofsgärtner schieben Schubkarren, Besucherinnen füllen Gießkannen. Mehrere Schilder warnen vor Handtaschendieben. Beim Anblick des kleinen Grabes der armen Emilie, das die Erbschleicher ihr trotz Kontovollmacht nur bescherten – Urnenbeisetzung, Trockenblumen, keinerlei Daten auf dem kümmerlichen rotbraunen Stein, nicht einmal ihr Vorname wird genannt –, entsteht die Vision, dass es bei diesem Spuk vielleicht doch um mehr geht als um die Wehmut einer Seele, die zwar 95 Jahre leben durfte – welch ungeheure Lebenszeit 95 Jahre sind –, aber nie viel Freude dabei hatte. In diesem Haus ist noch altes Geld versteckt, will Emilie sagen. Zwanzig oder zwanzigtausend D-Mark, wer weiß, bei C&A bekäme man für die alte Währung noch einige Hausfrauenkittel. Also: Putzen, Mädels, oder die nächste Sanierung bringt es an den Tag.

Gespensterjagd in Bethanien

Bethanien ist voller Gespenster, sie zu finden und mit ihnen zu sprechen war der Plan. Ich hatte vieles gehört über die Gespenster von Bethanien, ein Geist in Gestalt eines alten Mannes ging hier durch Wände, und mehr noch geschah, was nie hätte geschehen dürfen. Bethanien steht mitten in Kreuzberg auf dem Mariannenplatz und der Bau sieht aus wie die Phantasie einer großen Trutzburg aus dem Mittelalter. Zwei Lanzetttürme, ein großes Tor, lange Flügel wie uneinnehmbare Mauern. Glassplitter von zerschellten Bierflaschen und kaputten Straßenlaternen liegen auf dem Vorplatz, und der unvermeidliche Hundedreck komplettiert den trostlosen Eindruck. Das Spukschloss war einmal ein Krankenhaus der Diakonie, von 1847 (dem Jahr seiner Eröffnung) bis 1970. Jetzt ist es ein Ort, wo Laptops geklaut werden, und alle, die dort arbeiten, haben Angst, dass bald wieder eines verschwindet. Nur wenige Leute in der Stadt interessieren sich für das, was in Bethanien passiert. Hausbesetzer, Vereinsmenschen, Stadtteilaktivisten, und Spuk schert diese Leute wenig. Das »Künstlerhaus Bethanien« plant den Umzug, die sind fast schon weg. Über dem Platz schwebt eine sagenhafte Tristesse, fast romantisch, wenn das Berliner Wetter im Allgemeinen besser wäre, wenn Schweine fliegen könnten. Ja, dem Berliner ist Bethanien kackegal, der geht da nicht hin. Man sollte ein Spukhotel für Gruselfreunde aus aller Welt daraus machen. Bis dahin aber ist Bethanien ein verwunschener und verspukter Ort nur für die, die es erlebt haben. Hier spukt es wirklich, davon handelt diese Geschichte. Vielleicht erfahren wir sogar, warum es in Bethanien spukt, denn Hinweise genug gibt es.

Hunderte von Künstlern aus aller Welt kennen die Gespenster von Bethanien. Künstler, die in den letzten vierzig Jahren ein Aufenthaltsstipendium des Berliner Senates erhielten und eine Zeit lang in Bethanien wohnen durften; manche sagen allerdings: mussten. Man bot ihnen ein Studio, den Kontakt zu anderen Künstlern, Geld für Materialien und zur Lebenshaltung; und zur Krönung des Aufenthaltes eine eigene Ausstellung im Haus. Der erste Künstler, der von einer Geisterbegegnung erzählte, war Henrik Hakansson. Der 1968 geborene Schwede ist einer der erfolgreichsten konzeptuellen skandinavischen Künstler der Gegenwart. Er wurde bekannt durch Installationen, Film- und Audioarbeiten über Tiere, Pflanzen und Insekten. Er reiste in den Dschungel von Borneo, um dort Vogelstimmen aufzunehmen, er filmte schlafende Riesenschlangen, er spielte Fröschen Technomusik vor und nahm Schallplatten mit Vögeln auf, z. B. »Monsters of Rock«. Er hat auch einen wunderschönen Film über die riesenhaften Schwärme der Stare gemacht, die jeden Sommer über dem Berliner Dom fliegen und sich nach halsbrecherischen und vollendet koordinierten Kunstflügen über der Domkuppel in den angrenzenden Bäumen niederlassen. Hakansson ist nicht der Typ, der sich was ausspinnt, nur um was zum Reden zu haben. Da ist er ziemlich skandinavisch, er trinkt am liebsten sein Bier aus der Flasche und schweigt. Sein Bethanien-Erlebnis geht ins Jahr 2001 zurück:

Es war nach Mitternacht, Hakansson saß am Schreibtisch, arbeitete am Laptop. Es wurde auf einmal furchtbar kalt. Hakansson schaute auf, sein Blick fiel auf das Fenster. In der Glasscheibe spiegelte sich, was hinter seinem Rücken im Raum geschah: Ein alter Mann ging durch das Atelier.

Er trug weiße lange Unterhosen, er hatte weiße Haare und war ganz dünn. Der Unbekannte jammerte, ging auf und ab und verschwand schließlich durch die Wand. Da ging auch die Kälte wieder. Hakansson klappte seinen Laptop zu und verließ das Haus, fuhr zu Freunden. Nach diesem Erlebnis übernachtete er nie wieder in Bethanien. Er mietete sich eine Wohnung in Mitte und suchte das Atelier nur noch zum Arbeiten auf, und niemals wieder nach Mitternacht.

Schon folgt der nächste Bericht, zu einem Spukschloss gehört mehr als nur eine Wanddurchschreitung. Die zypriotische Künstlerin Haris Epaminonda war von 2007 bis 2008 Stipendiatin in Bethanien. Wieder zurück in Nikosia, der Hauptstadt Zyperns, erzählte sie auf Nachfrage, dass sie sich während ihres Aufenthaltes oft fürchtete. Während ihres Jahres in Berlin schuf Epaminonda Collagen aus antiquarischem Bildmaterial und installierte in der Neuen Nationalgalerie eine Vitrine. Sie berichtete Folgendes (übersetzt aus dem Englischen):

»*Liebe Sarah*,

gut, dass du mich danach fragst, ich hatte nämlich im Winter ein merkwürdiges Erlebnis. Eine ganze Weile, immer nachts, vernahm ich eine männliche Stimme. Es klang wie ein Abendgebet, und es war, als käme die Stimme von der Decke, oder darüber. Es klang, als würde jemand weinen oder trauern. In der ersten Nacht war ich total verängstigt und bat meinen Freund, er solle nachschauen, ob da was ist. Zuerst dachte ich, ich würde diese Stimme nur in meinem Kopf hören. Aber mein Freund bestätigte mir, dass es nicht meine Phantasie war, denn er hörte es ja auch.

Wir gingen in den zweiten Stock, um zu sehen, ob es etwas mit den Wasserrohren oder der Heizung zu tun haben könnte. Aber im zweiten Stock gab es diese Stimme nicht mehr. Ich fragte meine Nachbarn, ob sie etwas bemerkt hätten, aber sie sagten, sie hätten nichts gehört. Das ging eine ganze Weile so, etwa zwei Monate lang, dann war es plötzlich vorbei. Ich sah nie irgendetwas, hörte nur immer diese leise weinende, gequälte Stimme. Ich möchte eigentlich immer noch nicht glauben, dass es ein Geist war, dennoch bleibt es ein Rätsel, wo die Stimme eigentlich herkam. Zugegeben, Bethanien ist nachts ein sehr unheimlicher Ort, aber ob das von der geisterhaften Atmosphäre kommt oder weil man in einem riesigen Haus mit einer seltsamen Vergangenheit wohnt – ich weiß es nicht. Aber ich weiß, dass ich jetzt in meiner eigenen Wohnung deutlich besser schlafe.«

Haris Epaminonda hatte das Studio 136 im ersten Stock und hörte Stimmen, die nach Abendgebet, Weinen und oder Wimmern klangen. Stimmen, die sie nicht zuordnen konnte. Die Künstlerstudios waren früher Krankensäle, was zunächst nichts weiter heißen soll. Bethanien ist ein sehr großes Haus, das verschiedene Institutionen beherbergt und von vielen Menschen genutzt wird. Es hat riesige Flure, Säle, Treppenhäuser und verwinkelte Ecken, mehrere Küchen, Waschräume, Werkstätten und Büros. Geräuschquellen, die zunächst unsichtbar, aber letztlich identifizierbar sind, sollte es also genug geben. Doch bevor wir voreilig allzu vernünftige Schlüsse ziehen, hören wir den dritten und vorerst letzten Gespensterbericht.

Frau Valeria Schulte-Fischedick, Leiterin des Internationalen Atelierprogramms im Künstlerhaus Bethanien, reagierte gelassen auf meine Frage, ob sie von Künstlern wisse, die mit den Geistern von Bethanien Kontakt hatten. Geister seien nicht selten Thema gewesen, sagte sie.

Sie nannte die neuseeländische Künstlerin Nathalie Latham, die sei sehr offen und beredt mit dem Thema »Präsenzen im Haus« umgegangen. Nathalie Latham war 2007 für ein Jahr in Bethanien. Sie reist für ihre fotografischen und filmischen Arbeiten viel, und so dauerte es eine Weile, bis sie auf die E-Mail aus Berlin antwortete. Ich fragte sie nach Orten im Haus, an denen man am ehesten Gespenster finden könne. Hier ihre Antwort (Übersetzung aus dem Englischen):

»liebe Sarah,

danke für deine E-Mail. Ja, wirklich viele Geister in Bethanien ...

Sie sind in den Wintermonaten präsenter als in den Sommermonaten.

Erst kürzlich sprach ich mit S., die gerade in meinem damaligen Studio ist. Sie sagte, dass sie eines Morgens hörte, wie Wasser aus einer Vase tropfte. Die Vase zerbrach ohne jeden Grund (es waren Lilien drin). Und das Überraschende war, genau das Gleiche ist mir auch passiert, als ich da gewohnt habe. Es war mitten am Tag, ich unterhielt mich gerade mit einem Freund, da hörte ich ›Krack‹ und eine Vase zersprang (sie zerfiel nicht, sie zersprang).

Man macht viele solche Erfahrungen, wenn man dort eine Weile wohnt. Eine einzige Nacht reicht nicht. Und ich glaube, die Leute, die dort wohnen, machen ganz andere Erfahrungen als die, die dort nur zur Arbeit gehen. In den

Korridoren und Treppenhäusern – da sind »Wesen«, die herumhängen – von der Größe eher Erwachsene (keine Kinder), wie eine Erscheinung, eher dunkel von der Farbe und dünn in der Textur. Sie sind nicht störend – und sie wollen uns nicht »erschrecken« – sie hängen einfach nur rum, warten darauf, endlich gehen zu dürfen/erlöst zu werden.

Berlin ist voll von Geistern – überall. Aber das ist verständlich, wenn man in die Geschichte blickt.

Ich kenne einen Psychiater in Kanada, der sagt, dass Geister sich an Menschen dranhängen (besonders an ihre Verwandten ... die Geister glauben nämlich, sie leben immer noch ... wie im Film ›The Sixth Sense‹) ... dass es ok ist, wenn sie endlich gehen dürfen (dann werden sie er-löst) ... na hoffentlich findest du jemanden, der dir dabei hilft, all die eingesperrten Geister zu erlösen.

Noch etwas zu Bethanien: ich war wirklich glücklich, dort zu sein – obwohl die Geisterpräsenz in der Nacht mich bedrückte – aber als ich ging, war ich plötzlich so froh, dort nicht mehr schlafen zu müssen ... es war, als würde ein riesiger Stein von mir genommen ... «

Erstaunlich, dass die viel gereiste, länderkundige Neuseeländerin Latham das Geisterphänomen als etwas typisch Berlinerisches betrachtet. Sie beschreibt die Gestalten Bethaniens sogar in ihrer morphologischen Beschaffenheit. Ein Aspekt ihres Berichtes aber war von ganz besonderem Interesse und inspirierte mich bei der bevorstehenden Geisterjagd. Sie nannte Geräusche – von tropfendem Wasser. In ihrem Studio erlebte sie genau wie ihre Nachfolgerin, dass eine Vase aus heiterem Himmel scheinbar grundlos zersprang und das Blumenwasser heraustropfte. Das war ein sehr konkreter Hinweis darauf, wie ich mit den Geistern Bethaniens in Kontakt treten, sie vielleicht sogar befragen konnte! Wer je sich mit Methoden zur Kommunikationsanbahnung mit Geistern beschäftig hat, stößt auf die Methode der »Voice Transmission Recordings With The Deceased« nach Friedrich Jürgenson, dem Entdecker und Entwickler dieser Technik. Bekannt auch unter dem Stichwort »Phänomen der paranormalen Stimmen auf Tonbändern und anderen Speichermedien«, nach dem Radiorauschen und selbst Wassergeräusche zu Kommunikationsergebnissen mit Personen aus dem Jenseits führen können. 1959 machte der schwedische Kunstmaler und vormalige Opernsänger Friedrich Jürgenson in der Umgebung seines schwedischen Landhauses Aufnahmen von Vogelgesängen. Als er das Tonband später abhörte, fielen ihm seltsame Stimmen auf, die ihn mit Namen ansprachen und persönliche Dinge formulierten, die nur er wissen konnte. Nach diesem Erlebnis wiederholte und verfeinerte er die Aufnahmen, widmete sich der technischen Erforschung und Weiterentwicklung des »Tonbandstimmen-Phänomens«, über das er 1964 ein Buch veröffentlichte, das viele Zeitgenossen zum experimentellen Sprechfunk mit Verstorbenen anregen sollte. Jürgenson entfachte eine Welle, der audiotechnisch gestützte Spiritismus erhielt weltweite Aufmerksamkeit. Er ist seither oft in amerikanischen Spielfilmen eingesetzt worden, wenn es darum ging, Mitteilungen – Liebeserklärungen, Drohungen, unheimliche Prophezeiungen oder profane Grüße – zwischen Diesseits und Jenseits auszutauschen. Ob sich tatsächlich geheimnisvolle Stimmen aus einer anderen Welt auf Audiomedien speichern lassen, kann man schnell herausfinden. Man braucht nur ein Aufnahmegerät mit angeschlos-

senem Mikrophon. Es muss kein altmodisches Tonband-
gerät mit riesigen Bandspulen sein wie in den einschlägigen
Hollywoodfilmen. Ein Kassettenrekorder, ein Mini-Disc-
Recorder oder Computer mit Soundkarte reichen aus. Die
Theorie mit den Tonbandstimmen geht davon aus, dass
die Geister einen Geräuscherohstoff benötigen – beispielsweise Wasserplätschern, Radiorauschen, Fernsehgeräu-
sche –, um sich überhaupt ausformen zu können. Während
der Aufnahme selbst kann eine etwaige Artikulation aus
dem Jenseits nicht festgestellt werden. Erst beim Abspie-
len können Stimmen entdeckt werden. Geübte Tonband-
stimmen-Praktiker berichten von den erstaunlichsten Botschaften (siehe dazu auch die Archivalien von tonband-
stimmen.de). Andere Menschen wenden sich von diesem
Zeitvertreib enttäuscht wieder ab.

Mein Plan lautete, in dem ehemaligen Studio der Neuseeländerin Latham während einer Mitternacht mit Was-
sergeplätscher und Radiorauschen unterlegte Aufnahmen zu machen und unter den Geistern von Bethanien
knallharte Befragungen durchzuführen. Zu einem späteren Zeitpunkt wollte ich dann überprüfen, ob auf dem
Band etwas zu hören war. Für die Übernachtung war eine
Genehmigung des Künstlerhauses Bethanien nötig. Valeria Schulte-Fischedick war zwar bereits über mein For-
schungsprojekt informiert, genehmigte die Gespensterjagd aber erst, nachdem ich ihr versprochen hatte, dass ich
die anwesenden Stipendiaten nicht mit Gruselmärchen erschrecken oder verstören würde; dass die ganze Unterneh-
mung mit höchster Diskretion und Zurückhaltung, lautlos
und spurlos abliefe. Dies zu versprechen war so einfach
wie billig und damit kam Planstufe zwei: Wer sollte assis-

tieren? Eine nächtliche Gespensterjagd in einem höchst
verdächtigen Gebäude ist ein heikles Unterfangen. Ich bekam Angst, sie drückte sich in Lustlosigkeit aus, die Vorbereitungen verliefen schleppend, das ganze Projekt eine
Qual. Man würde sich in die Hose machen, so ganz allein,
oder unheilbar wahnsinnig werden, wie die Irren in den
Filmen des deutschen Expressionismus, das war sicher.
Ein Assistent musste her, ein Watson, ein Jonathan Harker
und ein Passepartout in einem. Meine erste Wahl fiel auf
Mareike Dittmer. Einige Worte zu Mareike Dittmer. Sie
ist immer gut gelaunt und sammelt Kunst und Freund-
schaften. Wenn einst von dieser Epoche als dem Jahrhundert des Netzwerkens erzählt werden wird, dann kann
Mareike Dittmer darin nichts anderes als ein großer Fix-
punkt sein. Regelmäßig, Ende Mai, veranstaltet sie ein
opulentes Picknick an einem Berliner See, und es gab noch
kein Jahr, an dem das Wetter dabei nicht mitgespielt hätte.
Denn Mareike Dittmer scheint eines jener Glückskinder zu
sein, auf deren Wegen die Sonne immer scheint, einzige
Ausnahme bildet der Tag ihres Hochzeitsfestes auf dem
Berliner Ausflugsschiff Hoppetosse. Das muss eine Prü-
fung der Götter gewesen sein, es regnete und es war viel
zu kalt für die Jahreszeit, aber das fand Mareike Dittmer
lustig und sie ließ sich das Feiern nicht verderben. Sie ist
psychisch so stabil und so ausgeglichen, wie man es nur
sein kann, wenn man Astronaut ist oder die Welt voller
Freunde weiß. Bewundert wird Mareike Dittmer wegen
ihrer fundierten Kenntnisse über französischen Wein – ihr
Ferienhaus steht in der Champagne – und wegen ihrer
echten Leidenschaft für zeitgenössische und klassische Literatur. Sie besitzt auch eine Menge Bücher über Berlin,
von denen ich im Zuge dieser Gespensterbuch-Arbeit einige ausgeliehen habe.

Mareike Dittmer war sofort bereit, eine wache Nacht als Gespensterjägerin zu erleben, und wollte sich auch um die Geräte für die Aufnahme der Stimmen aus dem Jenseits kümmern. Außerdem hatte sie eine moderne Legende auf Lager, ein eindrucksvolles Beispiel dafür, wie Erwartungshaltungen ein Hörergebnis beeinflussen können. Und weil es nicht uninteressant ist, wie Mareike Dittmer an ihre neue, unbekannte Aufgabe heranging, soll diese moderne Legende hier erzählt werden. Es handelt sich um die so genannte Pink-Floyd-Legende. Und es geht um das Lied »Another Brick in the Wall Part II« von Pink Floyd, das als Single – und auch auf dem Album »The Wall« – im Jahre 1979 erschienen ist und die Gehörgänge der Menschen erfolgreich malträtierte. Angeblich hat das Lied auch zum Fall der deutsch-deutschen Mauer beigetragen, aber davon handelt die Legende nicht. Moderne Legenden werden übrigens im FOAF-Verfahren erworben und weitergegeben – FOAF heißt, der »Friend Of A Friend« hat es einmal selbst erfahren, ein Freund eines Freundes hat es zumindest erzählt, und der weiß es von jemandem, der ganz sicher dabei war. (Ergänzend ist das Internet ein Über-Freund geworden, der solche Geschichten erzählt, verknüpft, verwahrt.) Mareike Dittmer hat diese Legende über die wissenschaftliche Kolportage kennen gelernt, als sie einen befreundeten Journalisten der Zeitschrift »Geo« bei einer Recherche zum Thema »Verhalten und Psyche« begleitete. Sie gingen zu einer Veranstaltung in der Berliner »URANIA«, wo Experten, Laien und auch deren Hybride mit und ohne Dias täglich Vorträge zu jedem erdenklichen Thema halten. Mareike Dittmer jedenfalls hörte einen Vortrag über paranormale Wahrnehmung, und sie sagte, auf eine ironische Art, dass sie sich dabei »prächtig amüsiert« habe. Das heißt, sie amüsierte sich erst sekundär, durch eine Umdeutung des Dargebotenen. Dies ist eine spezielle Eigenschaft des erwachsenen Menschen, die es ihm erlaubt, Langeweile in Kurzweil zu verwandeln. Wobei entscheidend ist, in welcher Gesellschaft man sich befindet, ob also der Umdeutungsprozess Ansporn enthält oder sanktioniert wird. Gehen wir davon aus, dass Mareike Dittmer sich wohl fühlte, als sie von folgendem Sachverhalt erfuhr:

Die Pink-Floyd-Legende

In dem Lied »Another Brick in the Wall Part II« von Pink Floyd singt ein Kinderchor folgenden Text:

We don't need no education
We dont need no thought control
No dark sarcasm in the classroom
Teachers leave them kids alone
Hey! Teachers! Leave them kids alone!
All in all it's just another brick in the wall.
All in all you're just another brick in the wall.

Das Studio, in dem die Aufnahmen gemacht wurden, befand sich in einer ehemaligen Schule. Der Chorleiter bzw. Aufnahmeleiter hat Kinder dorthin bestellt und sie auf dem Dachboden missbraucht. Später hat man ihn erhängt auf dem Dachboden aufgefunden. Hört man sich das Lied »The Wall« genau an, meint man, im Refrain »All in all it's just another brick in the wall« plötzlich folgenden deutschen Text zu hören: »Hol ihn, hol ihn unters Dach«. Die

Kinder haben heimlich eine deutsche Zeile eingefügt, weil jener Aufnahmeleiter deutschstämmig war. In Varianten dieser Legende heißt der vergewaltigende Aufnahmeleiter »Helmut Schlosser«. In einer besonders kaltblütig gewebten Variante soll dieser Herr Schlosser ein päderastischer, deutschstämmiger Schuldirektor gewesen sein, der es immerhin geschafft hat, im Anschluss an seine Schulkarriere einen Job als Studiotechniker bei Pink Floyd zu bekommen. In einer weiteren Variante soll ein deutscher Tontechniker namens »Herr Fischer« die Platte abgemischt haben. Bei jenem Fischer soll es sich um einen Satanisten gehandelt haben, der sich nach diesem Tonstudio-Job auf Anordnung seiner Sekte auf dem Dachboden des Studios erhängt hat. Konnte er vorher noch das »Hol ihn, hol ihn unters Dach« als suggestive Botschaft in das Album schmuggeln? Und noch eine Variante: Dieser deutsche Tontechniker Fischer wuchs in einem Waisenhaus auf, wo er schwer misshandelt und regelmäßig auf den Dachboden gesperrt wurde. Gleich nach dem Abmischen des Pink-Floyd-Albums beging er auf dem Dachboden Selbstmord, aber brachte vorher noch die Textstelle »Hol ihn, hol ihn unters Dach« ins Album ein. Angeblich rührten die Musiker von Pink Floyd aus Pietätsgründen nicht mehr an der Sache, und so kommt es, dass es immer noch Leute gibt, die schwören, in »The Wall« ein »Hol ihn, hol ihn unters Dach« zu hören. Ende.

Mareike Dittmer jedenfalls behauptet, dass sie das »Hol ihn, hol ihn unters Dach« deutlich hören kann. Und so war ich überzeugt, dass ich in ihr die genialste Assistentin für die Gespensterjagd gefunden hatte!

Die Jagd begann. Ein bißchen Proviant, die Ausrüstung übersichtlich. Eine Kanne grüner Tee, alkoholfreies Bier, eine Kamera, ein i-pod mit Mikrofon, ein Weltempfänger, Kerzen und zwei Wolldecken mussten fürs Überleben reichen. Wir aßen vorher noch aufgewärmte Reste eines Rehgulaschs mit Spätzle, welches Mareike Dittmer am Vortag für ein Essen im großen Kreise gekocht hatte. Dann fuhren wir gesättigt und voller Erwartung nach Kreuzberg zum Mariannenplatz. Es war 21.30 Uhr, als wir an einem Abend im späten September 2008 das Gebäude betraten. Wir waren mit Valeria Schulte-Fischedick verabredet, sie sollte uns das Atelier aufschließen, in dem wir die Nacht verbringen wollten. Frau Schulte-Fischedick hatte große Schwierigkeiten, sich zurechtzufinden und die Schlüssel den Stockwerken und den Räumen zuzuordnen. War es der rechte oder linke Gang, vom linken oder rechten Treppenhausbereich kommend? Die Architektur war so verwirrend, dass selbst sie, die hier seit Jahren täglich ein und aus ging, sich mit Hilfe von Trial & Error orientieren musste. Dieses Haus war von einem Königskind erdacht worden, das kein Zepter, sondern ein Lineal in der Hand hielt, aber dazu später mehr.

Das Atelier, in dem der Schwede Henrik Hakansson gewohnt hatte, stand leer. Wir rekonstruierten Hakanssons Bericht über den greisen Geist in der langen Unterhose, der schließlich durch die Wand verschwand. Wir setzten uns an den Schreibtisch, wir starrten aus dem Fenster. Der Raum spiegelte sich tatsächlich im Glas. Wo und wie war der Geist aufgetaucht? Mareike Dittmer schritt den Raum ab und entdeckte, dass es zwischen den Atelierräumen einst Durchgänge gab, die nun zugemauert waren. Und wirklich, an den oberen Türbogen waren sie noch zu erkennen. Diese ehemaligen Durchgänge erlaubten es den pflegenden Schwestern von Bethanien, schnell von einem Krankensaal zum nächsten zu huschen, ohne zurück auf den Flur zu müssen. Der Geist ist also durch einen ehemaligen Durchgang gekommen und er hat das Atelier durch einen anderen ehemaligen Durchgang wieder verlassen. Wenn man annimmt, dass das Schicksal dieses Geistes irgendwie ortsgebunden ist, dann könnte man davon ausgehen, dass Henrik Hakansson in jener Nacht, als es plötzlich so eiskalt wurde, einen ehemaligen Patienten gesehen hat. Ein alter Mann in langen Unterhosen. Für einen Patienten zwischen 1847 und 1970 eine denkbare Bekleidung. Man könnte aber auch auf die Idee kommen, dass Hakanson Zeuge eines zeitparadoxen Phänomens wurde: wenn Gegenwart und Vergangenheit sich für einen kleinen Moment überlagern. Abgebildet zur Mitternacht im Glas des Fensters von Bethanien. – Das war ein unerwartet schnelles Ergebnis, das uns alle furchtbar kichern ließ. Frau Schulte-Fischedick konnte auch im Kichern nicht verbergen, dass dieser Raum ihr nun mehr als unheimlich vorkam. Ganz schnell verschloss sie die Tür.

Wir wurden dem Nachtwächter vorgestellt, der gerade seinen Dienst begann. Sein Raum war im Erdgeschoss, beim Haupteingang. Ab 22 Uhr war das Haus zugeschlossen, und mindestens einmal pro Stunde musste der Nachtwächter das Haus abgehen, alle Seiten und Zugänge kontrollieren, ob nicht jemand eingedrungen war. Die Diebstähle seien nach wie vor ein großes Problem. Frau Schulte-Fischedick erzählte dem Mann von ihrem geklauten Laptop. Der Nachtwächter fragte uns, was wir hier

vorhätten. Da wir angehalten waren, über unsere Mission
nichts zu verraten, scherzten wir, wir seien Wünschelrutengänger. Frau Schulte-Fischedick ließ uns dann in dem
kärglich möblierten Studio von Nathalie Latham zurück,
und wir kicherten noch mal kräftig zum Abschied. Geisterjagd, oh kicher-kicher. Es war erstaunlich, welch mäd-
chenhaft alberne Töne das Zwerchfell unablässig abson-
dern kann, solange es sich nicht auf eine Schwerpunkt-
empfindung festlegen muss, solange sich die Angst nicht
durchsetzt. Im Nachhinein fragt man sich, ob nicht das Ge-
kicher als Geräuschmaterial für die Tonaufnahmen aus
dem Jenseits hätte dienen können. Aber daran dachten wir
in jener Nacht nicht.

Mareike Dittmer stellte die Geräte auf den Ateliertisch und
holte eine Schüssel und eine Kanne voll Wasser aus dem
Küchenvorraum. Bis zur Mitternacht wollten wir die Haus-
geister so weit für uns interessiert haben, dass wir sie befragen konnten. Vielleicht würden es die gleichen Geister
sein, die einst die Blumenvasen zum Platzen brachten. Wir
schalteten den Weltempfänger an und hatten unver-
schämtes Glück. Das Vokalensemble »Camerata Limburg«
sang Männerchorwerke. Wir hörten »Schöne Nacht« und
waren verzaubert von den berückenden Stimmen. Ein ly-
risch-wehmütiger Männerchor, der ganz sicher Heere von
Geistern anlocken würde. Kommt herbei, ihr Täubchen,
kommt herbei. Denn waren Geister nicht vor allem senti-
mentale Wesen? So verging etwas Zeit. Wir zündeten Kerzen an, wir tranken das alkoholfreie Bier und schwatzten.
Als wir die Toilette aufsuchten, trafen wir eine Frau im
Gang. Sie hatte kurzes, rotes Haar und lächelte sympathisch. Ob wir die Neuen seien, fragte sie uns. Sie sei die

kanadische Stipendiatin, Cynthia Girard aus Québec. Diese Mitteilung war mehr als glaubhaft, ihr Englisch hatte einen starken französischen Akzent. Sie lud uns in ihr Studio ein und zeigte uns fünf Stabheuschrecken, die in einem Terrarium aus Holz und Glas lebten, das auf einem Sockel mitten im Raum stand und mit einem schwarz-weißen Muster aufwendig bemalt war. Wir standen vor dem Terrarium und staunten über die merkwürdigen Insekten, die aussahen wie eine Kreuzung zwischen Blatt und Ast. Auf Cynthias Schreibtisch stand ein weißes Gespenst, eine Kerze, ein neckisches Halloween-Produkt, wie es spätestens ab Ende September in Kaufhäusern und Drogerien zu finden ist. Das brennbare Gespenst führte unverfänglich zu der Frage, ob man sich nachts fürchten müsse. Spukt es?, fragten wir Cynthia Girard. Sie sagte, sie habe von Gespenstern noch nichts bemerkt. Sie wisse aber, dass hier darüber geredet werde, irgendwo gebe es einen alten Leichenkeller, in dem es spuken solle. Sie wendete sich wieder den Stabheuschrecken zu, die sie »meine Freunde« nannte. Sie sei ganz in den Norden Berlins gefahren, zu einer ärmlich lebenden Familie in einem Hochhaus, um die Insekteneier zu kaufen. Fünfzig Cent hätte der kleine Junge, der die schrecklichen Viecher züchtete und im Internet zum Verkauf angeboten hatte, für ein Ei verlangt. Sie sagte, dass ihre Stabheuschrecken Hermaphroditen seien, die sich schälen und ihre eigene abgeschälte Haut auffressen. Als Nahrung bekämen sie Eichenlaub vom Mariannenplatz, und man müsse das Laub und die Umgebung mit einem Sprüher feucht halten. Sie erzählte, wie sie in Kanada eines Nachts davon geträumt hatte, in Berlin Stabheuschrecken zu halten. Sie hatte den Traum umgesetzt, obwohl sie sich zunächst gefürchtet hatte.

Nach diesem Vortrag über ihre fünf Freunde durften wir uns ihre Malereien, Zeichnungen und die Wandbehängungen aus Postkarten und Zeitungsschnipseln ansehen. Schwarz-weiße Porträtabbildungen von Emily Dickinson und Henry David Thoreau gaben den Wänden dunkle Augen. Cynthia Girards Malereien hatten große Formate, sie zeigten Stabheuschrecken, Blumen, Kuckucksuhren. – Kuckucksuhren? Hatte die kanadische Schriftstellerin Margaret Atwood in ihrem Essay »Negotiating with the dead« nicht geraten, man solle bei einer Gespensterjagd auf Uhren achten?

»And once you've got clocks, you've got death and dead people, because time, as we know, runs on, and then it runs out, and dead people are situated outside of time, whereas people are still immersed in it.«

Gab es hier etwa doch ein Gespenst? Versteckt zwischen Gespensterkerze und Terrarium? Margaret Atwood hätte ihrer etwas unheimlichen Landsmännin vielleicht deutlicher auf den Zahn gefühlt. Doch Moment einmal – einen Menschen als unheimlich zu bezeichnen ist wirklich problematisch. Der Song »Another Brick in the Wall Part II« von Pink Floyd war unheimlich, man bekam eine Gänsehaut davon, auch wenn man das »Hol ihn, hol ihn unters Dach« nicht hörte. Der Song klagt und schreit, erzählt von Gewalt gegen Kinder, von Brutalität in der Schule. Musikalisch wird dieses Bild mit Kinderchören und Maschinenklängen, Monotonie im Rhythmus, Appellen untermalt. Die Botschaft ist klar, verbirgt aber doch etwas. Die Legende ist Ausdruck der Unheimlichkeit, die vom Song ausgeht. Die Legende macht explizit, was der Song als Phantasie offeriert. Es ist nicht unraffiniert, diese Phantasie an eine Legende zu delegieren. Aber eine Legende, die sich um deutsche Päderasten und Satanisten, missbrauchte englische Schüler, eine nichts ahnende Band Pink Floyd und einen großen Dachboden rankt, klingt doch alles andere als glaubhaft. Ausgehend von dem unheimlichen Song könnte man sagen: Unheimlichkeit ist eine Art Verschlossenheit, die durch ihre Ästhetik stabil ist. Einfacher gesagt: Unheimlichkeit ist schön verschlossen. Das Unheimliche aufzudecken könnte also unschön sein. Es könnte nicht gefallen, es könnte sich schal anfühlen. So schal, dass man das Ergebnis ablehnen könnte, da es so lächerlich erscheint.

Zurück ins Studio von Cynthia Girard. Wenn Cynthia Girard nicht unheimlich war, was dann? Gab es etwas anderes? Sogar meine Gefährtin Mareike Dittmer wirkte gehemmt. Diese leidenschaftliche Sammlerin von Netzwerken hätte im Normalfall längst mit den zwanghaften Verbrüderungsgeschichten begonnen, zumindest Telefonnummern ausgetauscht und ein gemeinsames Mittagessen vorgeschlagen. Aber nichts dergleichen. Was war so unheimlich an Cynthia und ihrem Studio? Dies Geheimnis sollte zu einem späteren Zeitpunkt gelüftet werden, wir hatten es eilig. Die Mitternacht war schon längst angebrochen, so gingen wir in unser Atelier zurück und begannen mit den Geister-Interviews.

Das Tondokument offenbarte uns später unbarmherzig den Mangel an Phantasie und Gespür für die wirklich wichtigen Fragen. Statt zu fragen, wer hat John F. Kennedy erschossen, was geschah mit der kleinen Madeleine McCann in Portugal 2007 und soll ich vielleicht doch den Riester-Rente-Sparvertrag bei der Postbank kündigen, fragten wir:

»Wie heißt du?«

»Wie geht es dir?«

»Weißt du, wer wir sind?«

»Wo lebst du?«

Dabei plätscherte das Wasser aus dem Krug in die Schüssel. Darauf folgten Aufnahmen mit Radiorauschen und die gleichen Fragen noch einmal, ergänzt um die schlaue Frage: »Möchtest du Mareike Dittmer etwas Bestimmtes mitteilen?« – An dieser Stelle musste Mareike Dittmer lachen. Uns war gruselig und komisch zumute. Der Raum dunkel, einzig etwas Kerzenschein von Teelichtern. Wir waren auch schon recht müde und hatten noch kein Gespenst gesehen – so dachten wir jedenfalls. Als die Aufnahmen beendet waren, suchten wir den Leichenkeller. Den ehemaligen, natürlich. Da würden sie stecken, die Präsenzen, die dunklen, feinstofflichen Gestalten, Vasensprenger, Wimmerer und Abendbeter, die Greise in langen Unterhosen, die durch Wände schreiten. Wir gingen zum Nachtwächter, der gerade von seinem Rundgang zurückkam, und fragten ihn nach dem ehemaligen Leichenkeller, denn da müssten wir dringend hin.

»Sind Sie wirklich Wünschelrutengänger?«, fragte er.

Was sollten wir antworten? Die Gespensterstunde war um, die Nacht noch lang, Zeit für die Wahrheit. Der Mann verkraftete sie insgesamt sehr gut. Er hätte noch kein einziges Gespenst gesehen, sagte er. Aber er würde natürlich nicht jede Nacht Wache halten. Er teile sich die Arbeit mit Kollegen. Er selbst habe mehr mit Junkie-Einbrechern zu tun, weniger mit Gespenstern. Und von einem Leichenkeller wisse er auch nichts, es gebe einen Wäschekeller, wo die Künstler ihre Sachen waschen können.

Aber irgendwas müssen Sie doch erlebt haben!, insistierten wir. Das sei doch kein Job wie jeder andere. Sie müssen irgendetwas Erwähnenswertes erlebt haben außer Junkie-Einbrechern, kackenden Hunden vor dem Tor, nachtaktiven Künstlern und deren Wäsche? – Er überlegte, dann fiel ihm tatsächlich eine Geschichte ein und wir schrieben mit.

»Eines Nachts kam ein alter Mann, der war bestimmt schon achtzig Jahre alt, er klopfte an das Tor, ich ließ ihn rein. Was wollen Sie hier, fragte ich. Er sagte, er sei Jude und habe in diesem Krankenhaus überlebt, er würde es gerne noch einmal sehen. Als junger Mann sah er keine Chance mehr, den Nazis zu entgehen. Seine Angehörigen waren deportiert, er hatte keine Freunde mehr, da machte er einen Selbstmordversuch. Er wurde schwer verletzt ins Bethanien eingeliefert. Eines Tages kam ein Mann mit einem Ledermantel und wollte ihn abholen. Eine Krankenschwester mischte sich ein und sagte, der Mann sei sehr krank und nicht transportfähig. Sie versteckte ihn, gab ihm Essen, und so überlebte er hier.«

Welch wundersame Geschichte der Nachtwächter zu murmeln wusste. Er war zwar, wie bei Berlinern üblich, im Erzählen recht geübt, doch er nahm sich keine Zeit für das Kleinod. Er leierte es schnell herunter. Aber der Nachtwächter zweifelte nicht am Wahrheitsgehalt und wir taten es auch nicht. Er hatte von dem Alten erfahren, dass ein Jude in Bethanien überlebt hatte – jeder Wahrscheinlichkeit zum Trotz, denn hier war man ja in der Höhle des Löwen. 1941 wurde das Diakonissen-Krankenhaus von der Gestapo beschlagnahmt. Fortan unterstand es der Geheimen Staatspolizei und viele Ärzte mussten an die Front. Man muss sich die Geschichte von der Rettung eines verzweifelten Juden in Bethanien unter diesen Umständen vorstellen: In einer Zeit ohne viel Männerpräsenz, großem Ärztemangel, unter der Aufsicht von Nazibehörden, wuchs eine Frau über sich hinaus und stellte sich dem Nazischergen entgegen.

Der Nachtwächter ging zurück zu Schlüsselbrett, Boulevardzeitung und Aschenbecher und wir setzten unsere Suche fort. Einen Leichenkeller fanden wir nicht mehr, und auch die Turmzimmer waren verschlossen. Wir schauten uns Graffiti an, Flecken an den Wänden, Veranstaltungsplakate, Kugelschreibergekritzel an Türen. Dann standen wir vor einer Apotheke aus dem 19.Jahrhundert, der so genannten Fontane-Apotheke. Sie verströmte ihren eigentümlichen Geruch bis tief in den Gang, obwohl sie hinter einer Glaswand war. Ein Jahr und drei Monate lang hatte der junge Apotheker Theodor Fontane hier gearbeitet. Weil er einer der beliebtesten Schriftsteller Deutschlands werden sollte, wurde sein sehr kurzes Gastspiel in Bethanien namensgebend für die Apotheke, die so zu musealen Zwecken in der haselbraunen Original-Holzmöblierung erhalten blieb. Zwischen 1848 und 1849 bildete Fontane während seiner Arbeit in der Apotheke zwei bethanische Schwestern pharmazeutisch aus. Dafür erhielt er, wie er notierte, »ein auskömmliches Gehalt, freie Wohnung und Verpflegung«. Die Apotheke selbst beschrieb er als »ein hohes Eckzimmer, das als Apotheke eingerichtet war und besonders um seiner Höhe willen einen wundervollen, halb mittelalterlichen Eindruck machte«. Die Ausbildung der Diakonissinnen verlief problemlos, was denn auch sein selbiges Verdienst war, »und zwar das Verdienst, dass ich selber so wenig wusste. Je weniger man weiß, desto leichter ist es, das, was man zu sagen hat, in Ordnung und

Übersichtlichkeit zu sagen.« Die Erinnerungen an die Zeit in Bethanien hinterließ Fontane in dem autobiografischen Text »Von Zwanzig bis Dreißig«, den er hochbetagt in seiner letzten Lebensphase verfasste. Es sind drei kleine Kapitel von wenigen Seiten. Es ist ein humorvoller, auch selbstironischer Text, der Schilderungen enthält, die seinen Zeitgenossen nicht nur schmeicheln. Es ist kein altersmilder Rückblick, und Fontane wirkt in seinen Erinnerungen frech und jung. Über einen Arzt, mit dem der Junggeselle oft Zeit verbrachte, schrieb er: »Er war nicht interessant.« Über die Oberin von Bethanien, Gräfin Marianne von Rantzau (der Mariannenplatz wurde nach ihr benannt), berichtete er, »sie war von Anfang an sehr krank, starb auch früh«. Und dass Bethanien in seinen Anfangsjahren keinen Platz im Herzen der Berliner Bevölkerung hatte, nahm Fontane durchaus wahr: »Denn die Berliner Bevölkerung wollte von dem ganzen Krankenhause nicht viel wissen«, es herrschte eine »ziemlich widerwillige öffentliche Meinung«. Er konnte nicht ahnen, dass sich an dieser Ablehnung niemals etwas ändern würde, auch 160 Jahre später nicht. Nur der Denkmalschutz, Hausbesetzer und die vagen Hoffnungen auf Investoren hindern die Stadt daran, das ganze Ding abzureißen. Auch Fontane sah das Gebäude kritisch. Es wurde von König Friedrich Wilhelm IV. in den entscheidenden Planungsphasen so stark geprägt und in Charakter und Details bestimmt, dass man ihn auch heute als eigentlichen Autor des Baus nennen muss (so auch der Architekturkritiker Dieter Hoffmann-Axthelm). Fontane nannte sich zwar einen regelrechten »Baumeisterschwärmer« und war doch nicht einverstanden, wenn der Mensch sich dem Bau allzu sehr zu unterwerfen hatte, das nannte er dann »Baumeister-Tyrannei«. Dem jungen Fontane war es verboten gewesen, einen Fensterladen außen an die Apotheke anzubringen, und so musste er dermaßen »Schmoren in der Nachmittagssonne«, dass ihn der erlittene »Architektenhochmut« beim Verfassen der Memoiren immer noch erregte: »... das Verbot eines an einer höchst fragwürdigen Kasernenbau-Front anzubringenden Fensterladens, ist mir doch zuviel gewesen.« Das mag stolzes Geplänkel sein. Aber die ganz große Entdeckung für die Sache der Gespensterforschung in Bethanien ist, dass Fontane in seinen Erinnerungen ebenfalls ein Rätsel um ein Gespenst aufmachte.

Fontanes Geburtstagsgespenst

Es war der Januar 1849, Fontane feierte seinen Geburtstag und lud befreundete Dichter, dazu den besagten uninteressanten Arzt, einen Inspektor und einen Leutnant, zum Abendessen ein. Der Leutnant war ein sehr kranker Patient, aber er fiel durch seinen Charme auf. Fontane war nicht geizig, und er war von süßem Appetit, tischte Datteln, Marzipan und Pfannkuchen auf. Im Samowar brodelte Grog. »Als dieser endlich hergestellt war, war auch das Eis gebrochen, das bis dahin den freien Gang der Unterhaltung gehindert hatte«, erinnerte er, »und so plauderten wir uns denn glücklich über Mitternacht hinaus.« Der kranke Leutnant trank besonders eifrig. »Weil er im Trinken und Sprechen seiner Krankheit ganz vergaß, war ein schließlicher Rückschlag unvermeidlich. Der Kopf fiel ihm nach vorn auf die Brust, die Unterkinnlade klappte weg.« Der Mann konnte nicht mehr selbständig gehen, er musste in sein weit entferntes Krankenzimmer im nördlichen Flügel getragen werden, »der Weg dahin war eine kleine Reise«. Die Männer beschlossen, den unbeweglichen Kranken gemeinsam hinüberzutragen, »aber um Gottes Willen nicht den Hochpaterre-Korridor entlang, weil da die Wohnzimmer der Oberin lagen«. Sie wählten also den heimlichen Weg durch den Keller. »Wir packten ihn also so gut es ging, ich an den beiden Beinen und so setzten wir uns in Bewegung, erst über ein Stück Hof hin, und dann in die Kellerräume hinein. Alles dunkelte hier, bloß am andern Ende flimmerte was. ›Nur zu‹, rief ich, weil das Schweigen unheimlich war. Aber schon im nächsten Augenblick stoppten wir wieder und der Inspektor beugte sein Ohr und horchte. Gott sei Dank, es war nichts, eine Sinnestäuschung und so setzte sich unser Kondukt wieder in Bewegung. Immer grad aus auf das Licht zu.« Der Kranke landete schließlich im Bett, die Männer schlichen zurück. »Den andern Tag, als wir uns wie gewöhnlich bei Tische trafen, herrschte zunächst ein ängstlich bedrücktes Schweigen, keiner wollte mit der Sprache heraus. Zuletzt aber nahm ich des Inspektors Hand und sagte: ›Sagen Sie, Inspektor, warum horchten Sie denn so auf?‹

›Ja, es war mir so ...‹

›Was denn?‹

›... Ja, sie kann nachts oft nicht recht schlafen. Und dann geht sie um, erst die Korridore lang und dann unten im Souterrain. Und ich dachte ...‹«

Mit diesen Worten und den drei Pünktchen brechen Fontanes Erinnerungen an Bethanien ab – kein einziges Wort mehr schrieb er zu dem Thema. Drei Pünktchen, die alles oder nichts bedeuten, die vage sind und unbefriedigend. Darum sprechen wir heute aus, was Fontane wohl zu heikel war: Die Männer, die den besoffenen Kranken durch den Keller trugen, hatten den Eindruck, dass sie einem Gespenst begegnet waren. Am nächsten Tag beim Essen einigten sie sich darauf, dass es wohl die Oberin war – Gräfin Rantzau –, die oft nicht schlafen konnte und deren Schritte sie vernommen haben mussten. Obwohl Bethanien nicht wie ein Mietshaus gebaut ist, der Keller weit unter dem Fußboden des Hochpaterre verläuft und solche Übertragungen von Geräuschen kaum möglich erscheinen. Drei Pünktchen nur. Fontane war ein sehr bewusster Autor, er pflegte zwar Manierismen, doch kalkuliert. Wenn er sich entschloss, in seinen Memoiren das Lebenskapitel Bethanien mit diesem angedeuteten Gespenst zu beschließen, dann war das keine spontane Lust, kein lapidarer Witz und kein Versuch, sondern eine Aussage über den Charakter von Bethanien. Ohne diese Episode über das unerquickliche Ende einer Geburtstagsfeier überstrapazieren zu wollen, kann man eines festhalten: Bethanien zeigte, als es 1849 Neubau war und keine zwei Jahre alt, schon alle Qualitäten eines Spukschlosses. Dies entging auch dem großen Theodor Fontane nicht.

Als Kronzeuge der Anklage soll Fontane aber nicht herhalten. Dafür ist die angeführte Textstelle übersinnlich gesehen etwas zu verhalten. Es gibt noch eine andere Autorität aus dem bürgerlichen Berliner Leben des 19. Jahrhunderts, die weiterhilft. Es ist der Bischof (Generalsuperintendent) von Berlin und Brandenburg, Daniel Amadeus Neander, der Bethanien 1847 einweihte. Als ein junger Pastor veröffentlichte er im Jahr 1805 ein Buch über Geister, Geisterglaube und die Möglichkeit, Gespräche mit Personen aus dem Jenseits zu führen, das folgenden Titel trug: »Die erste merkwürdige Geistererscheinung des neunzehnten Jahrhunderts«. Diese Schrift, die sich in einem Exemplar in der Berliner Staatsbibliothek findet, war seinerzeit eingebettet in eine größere Debatte. Ausgelöst wurde sie durch den ausführlichen Erlebnisbericht eines vormals kaum beachteten Weimarer Philosophen namens Johann Karl Wötzel, der behauptete, dass ihm seine verstorbene Gattin Hannchen erschienen sei, und daraus folge, dass die Persönlichkeit des Menschen nach seinem Tode in einem »Äther-Leib« ewig fortlebt – et cetera et cetera. Dies war Anlass genug, mitteldeutsche, protestantische Intellektuelle zu erregen. Hier konnte wunderbar und öffentlichkeitswirksam ausgelotet werden, dass sich die christliche Lehre von der Unsterblichkeit der Seele im neuen rationalen Denken kaum aufgelöst hatte. Der spätere Bischof Neander vertrat eine beispielhafte Position: Er glaubte an eine Geisterwelt und er glaubte an das Jenseits. Er dachte, das Jenseits sei auf einem fernen Stern im Universum beheimatet. Er glaubte sogar, dass Diesseits und Jenseits sich ähnlich seien. Er glaubte aber nicht an die Möglichkeit, mit den Geistern Kontakt aufnehmen zu können, geschweige, dass Tote sich in der Nähe ihrer Angehörigen aufhalten. Neander war ein Theologe, der ein magisch durchdrungenes Weltbild hatte, das nicht im Widerspruch zur reformierten Kirchenlehre seiner Zeit stand. Dieser Mann also »weihte« Bethanien. Wobei eine Weihe im protestantischen Sinn viel weniger weihevoll war als die der katholischen Kirche, bei Neanders Weihe handelte es sich vermutlich um einen feierlichen Gottesdienst, mit einer Predigt zum besonderen Anlass.

Was aber bedeutet dies für die Frage, ob oder wie in Bethanien Gespenster zu ermitteln sind? Neander reiht sich ein

in eine Indizienkette, die eigentlich nur eines sagen will:
dass mit Bethanien ganz und gar etwas nicht stimmt. Dass
in der Matrix dieses Bauwerks ein Wachtraum steckt, der
dafür sorgt, dass die Gespenster von Berlin die eigentlichen Bewohner sind, und immer schon waren. Die Indizienkette hat noch einige Perlen mehr: Der junge Architekt
Ludwig Persius starb über den Entwürfen an Typhus.
Friedrich Wilhelm IV., bekannt für »blitzschlagartige kö-
nigliche Eingriffe« (Hoffmann-Axthelm) in die Prestige-
bauprojekte seiner Regentschaft, bestimmte die weiteren
Ausführungen en detail. Er war das Königskind mit dem
Lineal, ein Visionär und Kunstfreund. Aber auch ein Dilet-
tant, bei dem Form und Zweck weit auseinander klafften.
Im Falle eines Krankenhauses war dies tragisch, denn es
führte dazu, dass Bethanien auf Jahrzehnte, bis ins nächste
Jahrhundert hinein, ständig nachgebessert, umgebaut und
angebaut werden musste. Das Krankenhaus kam durch
seine disfunktionale Anlage nicht zur Ruhe und erwarb
sich, wie erwähnt, sofort den schlechtesten Ruf in der Bevölkerung und bei den Experten. Berliner Ärzte überwie-
sen ungern nach Bethanien. Die Tiefe der Säle, die isolierte,
unbelüftete Lage der Klosetts und Küchen, die Verbrin-
gung der Kotbottiche und Leichen im Keller gleich neben
der Waschküche, die mühsame Wasserversorgung ohne
Leitungen und Anschlüsse führten zu gesundheitsbedroh-
lichen Zuständen. Derart begünstigte Wundinfektionen
mussten sich tödlich auswirken. Immerhin war es dem
König wichtig, dass jedes Krankenzimmer Sonnenlicht bekam. Aber das sind Nebensachen, die den Blick auf die Ur-
sprungsphantasie, aus der heraus Bethanien entstand, ver-
sperren.

Friedrich Wilhelm IV. hatte keine Kinder, der recht glücklich verheiratete König soll, so auch die Diagnose des Me-
diziners Hufeland, impotent gewesen sein. Selbst der
Dichter Heinrich Heine spottete darüber in seinem Gedicht
»Der Kaiser von China«. Mit »China« ist Preußen gemeint,
und mit dem »Kaiser von China« Friedrich Wilhelm IV.

Mein Vater war ein trockner Taps,
Ein nüchterner Duckmäuser,
Ich aber trinke meinen Schnaps
Und bin ein großer Kaiser.
Das ist ein Zaubertrank! Ich hab's
Entdeckt in meinem Gemüthe:
Sobald ich getrunken meinen Schnaps
Steht China ganz in Blüthe.
Das Reich der Mitte verwandelt sich dann
In einen Blumenanger,
Ich selber werde fast ein Mann
Und meine Frau wird schwanger ...

Auszug aus: *Der Kaiser von China* (ca. 1844)

»Ich selber werde fast ein Mann und meine Frau wird
schwanger« – ein wenig einfach stellte sich der große Spöt-
ter Heine die seelischen Nöte und Wünsche des Königs
vor. Bethanien demonstriert viel anschaulicher, wie der
König das Private und das Allgemeine miteinander ver-
quickte und zum irrsten Ausdruck brachte. Der König
strebte eine ganz unmittelbare, sinnliche Erkennbarkeit
und Erzählkraft seiner Gebäude an, und mit dem Bethanien konnte er dies am besten durchsetzen. Der beauftrag-
te Architekt Persius lag plötzlich im Sterben und wurde
post mortem auf drei Jahre rückwirkend zum Baurat er-

klärt. Der König und sein Lineal hatten plötzlich freies Spiel, niemand würde es wagen, seine Ideen in die sonst so übermächtige Sprache des Schinkel-Systems zu übersetzen. Niemand würde die konkrete Narration, die er für Bethanien vorsah, zum Ornament schwinden lassen: die Geschichte vom heiligen St. Georg, der den Drachen tötet und die Jungfrau davor rettet, gefressen zu werden.

Diese Sage, mit der der König schon als Jugendlicher im Georgskloster aufwuchs, bot sich dem Impotenten zur lebenslangen, unbewussten Identifikation an. Hier konnte sich der Widerspruch zwischen persönlicher Ohnmacht und beruflicher Allmacht hinter männlichem Heldentum verstecken. Der Ritter nimmt den Weg der Drachentötung, um seine Kraft zu demonstrieren. Als der Drache aus seiner Höhle kriecht, ersticht des Ritters Lanze das hungrige Monstrum. Held geboren, Jungfrau zart, Burgfrieden hergestellt, christliches Krankenhaus eröffnet. Wilde Spinnerei? Die Deutung von Bethanien als Phallusprojekt des Königs ist bereits von Hoffmann-Axthelm (1989) mehr als angedeutet worden:

»Ist es zu überzogen, in den beiden Lanzetttürmen der Bethanienfassade auch die Lanze des heiligen Georg zu sehen? – nicht als öffentlich vertretener Symbolismus, sondern als privater Text eines in öffentlichen Funktionen sich ausdrückenden Borderline-Charakters.«

Summa Summarum

Bleibt hier noch die Frage, ob bei der nächtlichen Gespensterjagd mit Mareike Dittmer ein Gespenst ins Netz ging.

Die Nacht endete unspektakulär nach einem letzten ereignislosen Rundgang. Die Stipendiaten schliefen schon lange, der Nachtwächter las immer noch die Zeitung, der Mariannenplatz war ganz still, als wir in den Morgenstunden das Haus verließen. Erst Wochen später kamen wir wieder zusammen, um die Tonaufnahmen zu prüfen. Es war hochnotpeinlich, sich das anzuhören. Wie heißt du? Wie geht es dir? Weißt du, wer wir sind? Wo lebst du? Plätscher, plätscher, plätscher. Dann noch mal das Gleiche, mit Radiorauschen.

Möchtest du Mareike Dittmer etwas Bestimmtes mitteilen?

Immer wieder spielten wir das Band ab, aber in unseren Gehörgängen fügten sich keine Geräusche zu Worten, Sätzen oder gar Sinn. Da war nichts. Nur an der Stelle »Möchtest du Mareike Dittmer etwas Bestimmtes mitteilen?« war uns, als hörten wir einen ganz kurzen ersticken Laut. Als wäre da jemand geknebelt. Aber immer noch kein Wort, nein. Die Gespenster, von denen es in Bethanien mehr als genug gab, hatten sich zu unserem Tonexperiment nicht einfinden wollen. Aber dass es in Bethanien spukte, war nicht zu bezweifeln!

Denn kurz vor Beendigung dieser Niederschrift traf der Bericht einer weiteren ehemaligen Stipendiatin ein.

Die ungarische Künstlerin Hajnal Nemeth, die 2002 in Bethanien residierte und mittlerweile in Berlin lebt, erzählte mir am Telefon von den Gespenstergeschichten, die in ihrem Stipendiatenjahrgang kursierten. Sie handelten davon, dass einige Künstler nachts plötzlich geweckt wurden und unheimlichen Besuch im Zimmer hatten.

»Sie wurde wach geschüttelt. Eine verschwommene Gestalt von einem Mann stand im Raum und sprach nervös und hektisch auf sie ein, als wollte er ihr etwas Dringendes sagen. Aber die Künstlerin verstand kein Wort, die Gestalt sprach ja nur deutsch, und die Frau konnte das gar nicht verstehen. Die Gestalt war wie ein Schatten, und doch sehr deutlich sichtbar. Dieser Mann war aufgeregt, als bräuchte er Hilfe. Und da gab es noch eine andere Gestalt, die manchmal nachts auftauchte, in einem anderen Zimmer, und die hatte sich aufgehängt. Die beiden Gestalten standen miteinander in Verbindung. Da war irgendwas passiert, was die Gestalten uns unbedingt mitteilen wollten. Aber die Künstler verstanden sie nicht, weil die Gestalten ja immer nur deutsch sprachen, immer nur deutsch, wenn sie sie nachts weckten.«

Umso tragischer erschien nun, dass die Geister das Gesprächsangebot in deutscher Sprache mit Einheimischen nicht annehmen wollten. Die Gespensterjagd mit Mareike Dittmer schien trophäenlos. Dass sich in jener Nacht aber doch Gespenster zeigten, anders als erwartet, erfuhren wir später. Ausgehend nämlich von der zunehmend quälenderen Frage, wieso die kanadische Malerin unheimlich war, wurde das große allwissende Buch, nicht das Pfadfinderhandbuch von Fähnlein Fieselschweif, aber das von Wikipedia.de aufgeschlagen. Wer »Stabheuschrecken« eingibt, landet sofort auf folgender Seite, und das ist kein Witz und nicht mal ausgedacht: Gespenstschrecken!

Der botanische Ordnungsname dieser Viecher, die sich die kanadische Künstlerin in Bethanien aufgrund eines instruktiven Traumes als Haustiere hielt, lautet Gespenstschrecken! Der Name leitet sich vom Begriff Phasmatodea ab (griechisch: Phasma = Gespenst). Wegen ihrer Ähnlichkeit zu den Heuschrecken werden die Insekten auch »Stabheuschrecken« genannt, obwohl sie zu verschiedenen Ordnungen gehören. Letztendlich gehören diese Insekten nicht einmal zu den Schrecken im wörtlichen Sinn, da sie nicht springen können und zur Fortbewegung meist nur bedächtig wandeln. Sie werden deshalb auch als Phasmida bezeichnet – Gespenstlarve.

Wir hatten es doch noch gefasst, das Nachtgespenst. Wenn auch nicht im mystischen Sinne. Ein wenig harmlos vielleicht auch. Doch wenn es irgendwo spukt in der Welt, dann in der mittelalterlichen Sagenburg von Friedrich Wilhelm IV., der so gerne Drachenkämpfer gewesen wäre. Hier gibt es Gespenster, im alten Sinn, nicht nur Gespenstlarven. Traurige, verdammte Wesen, die sich den ausländischen Künstlern offenbaren, nicht verstanden werden und mit ihnen ihren verquälten Schabernack treiben. Sie schälen sich und fressen ihre Häute.

Wenn die Künstler aus Bethanien verschwinden, bleiben die Gespenster, und es wird neue Geschichten geben, mit neuen Bewohnern, eines Tages. Mit dieser unverrückbaren Erkenntnis schließt der Bericht einer Gespensterjagd in Bethanien im Herbst 2008. Nicht ein Wort ist ausgedacht, Mareike Dittmer kann es bezeugen. Deshalb hat sie hier das letzte Wort.

Betreff: Re: Gespenstschrecken, Gespenstlarven
»huh, gespenstschrecken. ich denke, das war das zeichen, das wir an dem abend nicht wirklich wahrnehmen konnten. vielleicht hätten wir unsere befragung in ihrem

studio machen sollen. dort scheint der spirit zu sein, wie sonst käme wohl eine nicht gerade insektenversessene junge kanadierin auf die idee, sich 5 gespenstschrecken als freunde zuzulegen. soweit ich mich erinnere, hat sie gesagt, dass das ganze auch eine übung wäre, um ihre sympathien auf etwas auszudehnen, was ihr eigentlich nicht sonderlich sympathisch war, sogar eher abstoßend erschien. praktisch ein training in erweiterter sympathie, einer überwindung der eigenen vorurteile, wie sie das, glaube ich, wortwörtlich nannte.

genau diese selbstgewählte kasteiung war irgendwie unheimlich. sich zu zwingen, freundschaft für etwas zu entwickeln, für das man eigentlich keine freundschaftlichen gefühle hegt, und dann analytisch die entwicklung dieser beziehung zu beobachten, mit dem genauen wissen, dass diese terminiert ist durch den tod.

und trotzdem dieses etwas kindliche vergnügen, selbst den käfig noch hübsch mit mustern anzumalen. und der irritierende moment, wenn sie sie als »ihre freunde« bezeichnete. in dieser mischung war es durchaus etwas unheimlich. macht das sinn?

ist wie bei poe: man muss nur richtig hinschauen, um das offensichtliche zu sehen, wenn man nach geheimnissen sucht.«

Quellen: Theodor Fontane. Von Zwanzig bis Dreißig.
Dieter Hoffmann-Axthelm: Bethanien – eine historische Anmerkung zum Verhältnis von Architektur und Ideologie. In: S. Günther und D. Worbs (Hg.): Architektur-Experimente in Berlin und anderswo, 1989. S. 138-153.

Die Windmühle

Die Windmühle ist ein Haus, das aussieht wie ein weißes Raumschiff, es steht in der Mitte der Stadt, hat vierundzwanzig Stockwerke, zweihundertvierzig Kabinen und etwa fünfhundert Mann Besatzung an Bord. Vulkanier sind nicht dabei, die bei Menschen wegen ihrer Gefühllosigkeit so beliebten Wesen. Dafür viele Ostdeutsche, aber der Ostdeutsche ist ja normalerweise bescheiden. Die Windmühle landete vor vierzig Jahren nah am Alexanderplatz, nachdem vorher auf Erden und im Weltraum viel geschah: Ein mächtiger Tierknochen wurde von Urmenschen, die um eine Wasserstelle stritten, zur Hand genommen und ein Durstiger musste sterben. Erregt schleuderten die Sieger den blutigen Knochen ins All, wo er zu tanzen begann und sich in ein Raumschiff verwandelte, das, als es auf der Erde landete, wie ein weißes Vorzeige-Hochhaus der DDR aussah. Das Hochhaus besitzt seither seltsame Eigenschaften. Zum Beispiel hat es ein Tarnschild, das bewirkt, dass man es kaum sieht. Nur Leute, die ihre Energie oder ihr Geld in das Raumschiff einspeisen, sind in der Lage, das Tarnschild zu durchbrechen, es manchmal sogar als etwas vollständig Abgehobenes, Nicht-Planetares wahrzunehmen. Eine ganz bestimmte Sorte Erdenbürger fühlt sich allerdings so merkwürdig angezogen von dem Ding, dass sie es seit Bestehen, also seit vierzig Jahren, gezielt ansteuern und hier ihr Leben opfern für eine Flugübung zwischen Außenhaut und Parkplatz. Wenn pro Jahr drei springen, dann sind in den vergangenen vierzig Jahren einhundertzwanzig Leute hier hinabgestürzt. Diese Windmühle ist gefährlich. Die Balkone werden von den Bewohnern deshalb auch Flugbalkone genannt, sie können betreten werden, da sie zum Notausgangsystem gehören, zum Fluchtweg ins Treppenhaus. So kommt es, dass jeder Berliner Taxifahrer das gefährliche Haus kennt und respektvoll »die Windmühle« nennt. Es klingt romantisch, so ländlich, aber nein: Die Windmühle mahlt die Seelen der todessüchtigen Vollidioten.

»Lieber Herr Taxifahrer, ich möchte bitte zu folgender Adresse ...«

»Ach zur Windmühle wollense? Wollense etwa runterhopsen?«

»Na hören Sie mal! Wer soll denn den ganzen Dreck wegmachen? So eine Sauerei. Nee, nee, wenn ich mal gehe, dann sauber, ohne den Leuten das Blut und die Gedärmpampe zu hinterlassen.«

»Na det lob ick mir. Aber so denkt ja nich jeda. Springen doch ständig welche von der Windmühle. Erst letztens wieda.«

Der Wind, das himmlische Kind, pfeift seine Sphärenmusik heftig und schrill, als wäre er voller Nachrichten. Die Ost-Architekten haben nicht auf die Windachsen geachtet, schimpfte ein Passant, dem die Kappe fortfliegt, kaum dass er vor dem Haupteingang in Richtung S-Bahnhof einbiegt, ich aus dem Taxi steige und der Hut auf der Radioantenne landet, aber keiner lacht über den gespielten Witz. Ab jetzt wird es ernst, jetzt muss es raus, das Geheimnis der Windmühle, auch wenn die Adresse nicht verraten wird, damit bloß keiner auf falsche Gedanken kommt und einen letzten Brief schreibt. Gibt es hier Gespenster? Ein berühmter Sänger hält es für möglich. Ich lernte Rufus Wainwright

am 14. März 2009 kurz vor Mitternacht bei der Doppelgeburtstagsfeier der Künstlerin Janet Cardiff und des Direktors der Nationalgalerie Udo Kittelmann im Restaurant
Lebensmittel kennen. Rufus Wainwright trug ein Jankerl
und ein mit Edelweiß besticktes Leinenhemd, er sah aus
wie ein Bergbub und saß etwas blass zwischen seinem Arrangeur Bryan Senti und der unaufhaltsam auf ihn einredenden Kunstsammlerin und Mäzenin Francesca von
Habsburg, geborene Thyssen-Bornemisza, über die schon
folgende Selbstaussage zu lesen war: »Das Gespräch mit
Künstlern ist für mich das Wichtigste.« Wieso aber konnte
Frau von Habsburg ungestraft auf Rufus Wainwright einlabern? Immerhin hatte er den Ruf einer opernhaften Diva
zu verteidigen und außerdem schien er todmüde zu sein.
Völlig willenlos und monoton antwortete er mit »Right,
right – Right, right«, während sie ausschließlich von sich
selbst sprach, ohne einmal Luft zu holen. Erst später stellte
sich heraus: Wainwright war das Geburtstagsgeschenk der
Fürstin an die beiden Geburtstagskinder, die ihren 51. und
52. Geburtstag feierten.

Jörg und ich kamen erst kurz vor Mitternacht dazu. Unsere
Einladung galt nicht so sehr für das Dinner von etwa drei
ßig Gästen, überwiegend Künstler wie Thomas Demand,
Tacita Dean, Norbert Schwondkowski, Monica Bonvicini,
Tino Seghal und der Galerist Rolf Ricke – unsere Einladung galt eher für den Moment des Anstoßens. Als Geschenk hatten wir Comics mitgebracht, für Kittelmann war
der softpornoistische, spanische Comicband »Betty« bestimmt, den er glücklich abknutschte. Kittelmann, der gelernte Optiker und große Visionär unter den deutschen
Museumsdirektoren, gab gleich zum Besten, dass er schon

eine Ausstellung über die Bondage-Darstellerin Bettie Page gemacht hat, als die in Deutschland noch niemand kannte. Kittelmann erzählte, dass er, immerhin verantwortlich für sechs Berliner Museen, endlich eine eigene Sekretärin einstellen durfte. Bislang musste er jede E-Mail selber schreiben. Als er das erzählte, tippte er mit den Zeigefingern in die Luft.

Ich setzte mich an das Ende des Tisches, neben den mir unbekannten Bryan Senti, der ähnlich gelangweilt wirkte wie Wainwright und mich freundlich anlächelte. Senti und auch Wainwright schienen mehr als dankbar, sich von der übersteuerten Francesca von Habsburg abwenden zu können. Ich weiß nicht, wie es kam, aber ich erzählte eigentlich sofort, dass ich an einem Buch über Berliner Gespenster schreibe. Die Reaktion der Musiker hätte zustimmender nicht ausfallen können. Wainwright und Senti berichteten also von dem horriblen Hochhaus, in dem sie ihr Quartier hatten. Das Berliner Ensemble hätte zwei Hotel-Apartments für sie angemietet, die es neben den Miet- und Eigentumswohnungen dort auch gab. Sie empfahlen mir, das Hochhaus einmal zu besichtigen und dort all dem Seltsamen nachzugehen, welches näher zu schildern sie kaum vermochten. Der Müllschacht und die Flure, alles sei komisch. Wainwright zeigte sich als besonders geisterfühlig, so habe er einmal ein Apartment in New York nicht gekauft, weil ihn das Gefühl nicht losließ, dass dort jemand gestorben war, was der Makler bestritt. Doch weil er das Gefühl nicht losgeworden sei, habe er auf den Deal verzichtet. Schließlich gab der Makler zu, gelogen zu haben. Es sei tatsächlich so gewesen, in der Wohnung lag eine Tote.

Dann war Mitternacht, die Kellner servierten den Champagner, Wainwright stellte sich an die Spitze der Tafel. Er kündigte ein irisches Liebeslied an, und bevor er es sang, erklärte er interessant dessen Inhalt. Der Gesang war sehr ergreifend, ein Erlebnis. Eine weiche, große Stimme, ein Zauber, ein echter Star, welch ein herrliches, unvergessliches Geburtstagsgeschenk von Francesca von Habsburg für die beiden Jubilare. Und ich hatte vielleicht die Spur eines weiteren Gespenstes gefunden.

Die Windmühle weist wirklich einige Merkwürdigkeiten auf: Die höchste Dichte von Neues-Deutschland-Abonnenten, aus jedem dritten Briefkasten ragt morgens die sozialistische Tageszeitung. Zu DDR-Zeiten lebten hier viele Staatsschauspieler, Zentralkomitee-Mitglieder und Parteileute, sie genossen den Blick über das geteilte Berlin. Dies erfährt man, wenn man sich in den Windmühlen-Snack neben dem Haupteingang begibt, wo man eine ganz passable Bloody Mary für 1,50 Euro bekommt. Vom Hocker aus kann man Fotos von sich umarmenden Windmühlen-Snack-Gästen in Partystimmung betrachten, und die Kioskfrau sagt, hier ist freitags Rambazamba. In aller Gemütlichkeit signalisiert das Schlürfen der Bloody Mary: Ich habe es nicht eilig, ich bin harmlos, mit mir kann man reden, also sprich.

»Ich komme gerade aus Karl-Marx-Stadt«, ruft ein Mann beim Eintreten und bestellt eine Bockwurst bei der Kioskfrau, die sich in das kulturwissenschaftliche Buch »Vergnügen in der DDR« vertieft hatte.

»Wie ist das Buch«, frage ich.

»Gut, ganz gut eigentlich.«

Das allgemeine Geplänkel ist vorbei, ich werde über die

Selbstmordserie informiert. Auch der Mann aus Karl-Marx-Stadt erzählt. »Wir sind ja im negativen Sinne bei Selbstmördern beliebt. Das war schon in der DDR so. Aus der ganzen DDR kamen sie.«

»Es sind drei bis vier im Jahr. Erst vor drei Wochen wieder, nachmittags. Ich nehme schon gar nicht mehr den Hinterausgang, weil ich Angst hab, mir fällt einer auf den Kopp.«

»Ich geh immer an der Wand lang.«

»Ich dachte noch, das ist aber ein großer Vogel, so große Vögel gibt's doch gar nicht.«

»Manchmal sieht man weinende Leute am Parkplatz, mit Blumen und Kerzen, Sonnenbrille, nachdenklich. Da denkt man sofort, das sind bestimmt wieder Angehörige.«

Wer nach oben will, muss die linken Fahrstühle für die geraden Stockwerke nehmen und die rechten Fahrstühle für die ungeraden. Gerade und ungerade Nachbarn lernen sich im Fahrstuhl also nicht kennen. Der Flugbalkon im 24. Stock ist fast achtzig Meter über dem Boden, er verursacht Schwindel und Angst, obwohl der Ausblick toll ist, aber nicht zum Aushalten. Alles ist voller Kritzelnachrichten aus Hass und Traurigkeit, aber vor allem der 23. Stock ist gezeichnet. Dieser Balkon hat schon viel erlebt.

Lebe weiter springe nicht es lohnt sich gez. Gott.

Tod ich ficke deine Leben.

MCM bis in den Tod.

MCM bis in den Tod.

In keinem Fall springen! Alles wird gut. Gez. I.

To die for.

Bescheuert, dass es immer der 23. Stock sein muss und nicht der 24. sein kann. Die Deutschen sind solche Lottospieler (Zahlenmystiker).

Nun ist es Zeit für eine Geschichte, die aus Gründen der Ethik in einer Form wiedergegeben wird, die den Empfehlungen von Psychiatern und Psychologen folgt, die sich mit dem Thema Suizid und seiner Aufbereitung in den Medien auseinandergesetzt haben. Zur Vermeidung des so genannten Werther-Effektes sei es diesmal so erzählt: Einmal trafen sich auf diesem Balkon zwei Wesen, das eine kam aus einem westdeutschen Flächenland, das andere aus einer ostdeutschen Stadt, wo Fußball und Bier mehr Bedeutung als alles andere haben. Die Wesen aber tranken Sekt miteinander. Denn das eine Wesen beging seinen Geburtstag, die Polizei fand später entsprechende Flaschen und noch volle Pappbecher. Nach der Feier warf das eine Wesen die Katze Mimi, die in einem Korb eingesperrt war, hinunter, und dann sprangen die beiden Wesen, Hand in Hand. Es gab Zeugen, die das Polizei und Zeitungen nachher so berichten konnten. Das eine Wesen gehörte zu den Teufelsverehrern, war schon viele Jahre Mitglied in einem Satanistenzirkel, hatte bereits Selbstmordversuche hinter sich und die Wohnung voller Abschiedsbriefe. Das andere Wesen arbeitete an einer Universität und lebte ein unauffälliges Leben. Vollidioten.

Abstieg über das Treppenhaus, bei jedem Stockwerk über den entsprechenden Balkon. Schwindel und Angst lassen bis zum zwölften Stock nicht nach. Im 14. Stock noch mal eine kleine Ladung Hass: Fuck off for all DDR. Ab dem 12. Stock gibt es keine Kritzelnachrichten mehr, auch keine Wackelbeine und keine Gänsehaut. Im achten Stock wartet eine Bekannte, die hier wohnt, und sie ist so nett, sich von der Geisterjägerin behelligen zu lassen. Sie heißt Patricia und ist Kunsthistorikerin, hat schon im Vatikan gearbeitet

und leitet in Berlin ein namhaftes Institut für zeitgenössische Kunst. Außerdem serviert sie einen sehr guten bra-
silianischen Kaffee und raucht am liebsten Selbstgedrehte.
Sie wohnt gerne in diesem Haus, sagt sie, und wenn man
ihre Wohnung sieht, weiß man, dass das stimmt. Sie hat
drei Zimmer nur für sich und eine Küche mit Balkon. Hier
oben ist immer Licht. Alle Nachbarn haben Hunde, sagt
sie, aber gruselig, nein. Das mit den Selbstmördern ist ihr
auch schon aufgefallen, die Flecken auf dem Parkplatz,
wer macht sie eigentlich weg, wer ist dafür zuständig? Wir
reden über den Wind. Sie demonstriert, was passiert, wenn
man die Wohnungstür öffnet: Pfeifkonzert. Der Luft-
schacht in der Decke des Flures und die geöffnete Wohnungstür korrespondieren heftig: chuuuh-chuuh-chuuh,
aber gründlich. Sie zeigt den Müllraum, man braucht einen Schlüssel, wie es sich gehört. Bei geöffneter Klappe
entfaltet der Müllschacht einen gewissen Duft. Also wenn
es Wesen gibt, dann leben sie hier, sagt sie.

Ja, aber so ist es überall, typisch Hochhaus.

Zurück in der Wohnung, reden wir über den Piranesi-
Druck, den sie sich in Italien gekauft hat, der so merkwürdig unharmonisch ist, dass er keine Fälschung sein kann,
denn ein Fälscher, erklärt sie mir, würde eine so untypische
Arbeit kaum loswerden. Dann sagt sie, es sei schwierig,
gute Mitarbeiter zu finden, Kunsthistoriker, die sich *wirklich* für neue Kunst interessieren. Über ihre Einrichtung
sprechen wir auch. Da fällt ihr eine Sache ein. Sie führt
mich in ihr Gästezimmer, wo Ballkleider hängen und goldene und silberne Pumps auf die Nacht warten. Sie zeigt
auf ein schmales, etwas altmodisches, kurzes weißes Bett
an der Wand und auf einen Schminktisch mit einem großen, ovalen Spiegelaufsatz, der gegenüber steht. Die Mö-

bel bilden ein Paar, haben die gleiche bleiche Eierschalenfarbe und stammen vermutlich aus den 1960er Jahren. Der Spiegel hängt mittig in einer Achse und ist drehbar. Auf der Konsole Haarbürsten, Schmuck, Uhren, Parfümflaschen und Familienfotos. Das Zimmer zeugt von der Eleganz einer guten Fee.

»Diese beiden Möbel«, sagt sie, »habe ich auf der Torstraße bei einem Trödler gekauft. Als der Mann sie brachte, war er total verwirrt. Er sagte mir, er hätte diese Möbel hier in dieser Wohnung abgeholt, und sie hätten damals schon so da gestanden, genau so. Er könne sich genau erinnern, damals stand eine sehr große Frau aus Sachsen in der Wohnung, die den Hausstand ihrer verstorbenen Tante verkaufte, sagte er. Die habe ganz stark gesächselt, er konnte sie kaum verstehen. Das andere Zeug, das er damals mitnahm, sei er schnell losgeworden, nur für dieses Bett und den Schminktisch fanden sich nie Interessenten. Bis ich kam.«

»Vielleicht hat er dich verschaukeln wollen?«

»Nein, der war total perplex.«

»Die Möbel wollten also zurück in diese Wohnung, in dieses Haus?«

»Scheint so.«

Wir setzten uns auf das Bett und betrachteten uns im Spiegel. Sie mit ihren langen blonden Haaren, rot geschminkten Lippen, Tabak im Mundwinkel, ich dunkelbraun und mit silbernem Lidschatten.

»Magst du diese Möbel?«

»Das Bett ist zu kurz. Keine Ahnung, was mich da geritten hat.«

Sie schwenkt den Spiegel, er wirbelt mehrmals um seine Achse, macht Sonnenblitze. Und so kommt es, dass eine kleine alte Frau zwischen den Drehungen und Abbildern erscheint, die winkt uns.

Als ich aus dem Haus trete, kommt mir ein Paar entgegen, sie trägt Anmut, er die Einkaufstüten. Es sind Bryan Senti, der amerikanische Komponist und Arrangeur von Rufus Wainwright, und eine junge Frau. Ich muss mich schnell entscheiden – ansprechen oder nicht. Ja oder nein. Um das Schicksal und den Zufall nicht zu verprellen, die mir diese weitere Begegnung beschert haben, spreche ich ihn an. Er wartet mit seiner Begleitung vor dem Fahrstuhl, beide sehen etwas verpennt aus. Ich flehe, dass es sich bei den beiden nicht um ein Liebespaar vor dem Frühstück handelt. Senti blinzelt verwirrt, er erinnert sich nicht an unsere Begegnung im Restaurant Lebensmittel. Ich muss eine Weile Namedropping betreiben (Rufus, Francesca, Jörg, Udo, Janet, Gespenster ...) und das funktioniert. Ich darf mit hochkommen. Ich schaue mich um. Die Einrichtung ist modern, viel Weiß und Beige, Farbakzente bei Vasen, Sofakissen, Gardinen. Ich spreche die Putzfrau an, eine Deutsche. Sie hat rot gefärbte Minipli-Locken, ist stark geschminkt und führt heute einen tausendfarbigen, selbst gestrickten Seidenpullover aus. Als Handleserin würde sie durchgehen. Ich frage sie nach dem Hochhaus, aber sie kennt das Hochhaus nicht. Es ist ihr erster Tag heute. Ich bitte Bryan Senti, seinen Freund Rufus noch einmal zu fragen, was er an diesem Hochhaus so gruselig findet. Er sagt okay.

Drei Minuten später wird er sich nicht mehr an mich erinnern. Er denkt die ganze Zeit nur an Musik. Eine Oper wartet auf ihn, die Gespenster von Berlin nicht. Ich gebe ihm meine E-Mail-Adresse und bitte ihn um die seine, reiche ihm Notizbuch und einen Stift. Er lächelt gequält, aber er gibt sie mir. Kurz vor der Premiere von »Shake-speares Sonette« schreibe ich ihm eine E-Mail, erinnere an die Gespenster der Windmühle. Aber weder er noch der berühmte Sänger haben mir je geantwortet.

Formen aus Sand

Wenn Berliner Paare ins Umland ziehen, tun sie das voller Überzeugung, dass dort das gute Leben, Glück und Gesundheit auf sie und ihre kleinen Kinder warten. Kehren sie aber fluchtartig zurück in die Stadt, sollte man nachhaken, um die wahren Gründe für die Panik zu erfahren, die sie da draußen erfasste. Ein halbes Jahr nachdem Johanna fünfzig Kilometer östlich von Berlin in ein Reihenhaus gezogen war, weil der Mann vor Ort eine Arbeitsstelle angenommen hatte, wurde ihr Unbehagen zum ersten Mal konkret. »Mein Gott, wo wohnst du denn?«, sagte eine Nachbarin, die ein Paket abholen wollte und jetzt in Johannas Wohnzimmer stand. Sie arbeitete als Telefonwahrsagerin beim Fernsehen und ließ ihr Baby neben dem Fernseher schlafen. Johanna war schockiert. Mein Gott, wo wohnst du denn, sagte ausgerechnet diese grelle Gestalt mitten in ihrem behaglich eingerichteten Wohnzimmer, das sich doch mit Holzmöbeln, Büchern, bunten Kissen und frischen Blumen so viel Mühe gab. Doch die Frau hat ja Recht, dachte Johanna. Längst war eine Reihe von unheimlichen Dingen vorgefallen, und weitere sollten hinzukommen. Sie überlegte lange, wie sie die speziellen Hintergründe ihrer Flucht zurück in die Stadt schildern und die ungewöhnlichen Erfahrungen beschreiben könnte, ohne jemanden zu verletzen oder zu beschuldigen. Deshalb wurden für diesen Bericht einige Namen und Orte verändert. Fast könnte man meinen, es handele sich um Fiktion. Das dient der Familie, die das erlebt hat, zum Schutz.

Doch bevor es mit Johannas Erlebnissen weitergeht, soll auf eine wichtige Grundlage dieser Geschichte hingewiesen werden; den sandigen Boden des märkischen Oderlandes. In diesem Sand fault die fatale Beziehung zwischen den Toten der schwersten Kämpfe des zweiten Weltkrieges auf deutschem Boden mit den Überlebenden – und den Über-ihnen-Lebenden. Wenn man mit dem Auto Richtung Osten aus Berlin hinausfährt, die endlose Lichtenberger Straße hinter sich lässt und dann fünfzig Kilometer auf der B1 frisst, stößt man auf die typischen Ansiedelungen der deutsch-polnischen Mischwirtschaft. Schutthalden und Baustellen mit Fahrzeugen polnischer Kennzeichnung, Döner-Imbisse mit polnischen Übersetzungen, polnisch-bulgarischer Autostrich, Werbetafeln von Beerdigungsunternehmen, eine sagt »Trauern ist Liebe«, und immer wieder Supermärkte. Dazwischen lauern schelmisch die Blitz-Fallen auf Geschwindigkeitsübertreter. Als landschaftliche Zumutung ziehen diese Marken wiederholt vorbei, bis man endlich an der Gedenkstätte Seelower Höhen angelangt ist. Ein sagenhafter Ort. Zwischen dem 16. und 19. April 1945 fand hier und im weiteren Umkreis die letzte Schlacht vor dem Einmarsch der russischen Armee in Berlin, vor dem Ende des Krieges, statt. Über die Zahl der Opfer dieser Schlacht gab es von Anfang an unterschiedliche Angaben, je nach politischem Motiv. Die erschreckend hohe Zahl der russischen Soldatenopfer beispielsweise wurde in Publikationen der DDR radikal nach unten korrigiert – auf nur 30000 gefallene Russen. Es waren eher 70000 russische Soldaten, die in jenen vier Tagen gefallen waren. Aber die Legende der russischen Heldenhaftigkeit vertrug die Wahrheit wohl nicht. Dieser so wichtige russische Etappensieg – gegenüber einer zahlenmäßig unterlegenen und schon sehr versprengten, desorientierten deutschen Armee – wurde mit wahnwitzigen hohen Verlusten mühselig erzwungen. In der Gedenkstätte heißt das heute so: »Im Winter und Frühjahr starben bei den Kämpfen um die Brückenköpfe und bei der ›Schlacht um die Seelower Höhen‹ mehr als 100 000 Soldaten unterschiedlicher Nationen.«

Man konnte die schnell verscharrten deutschen Soldaten nach dem Krieg nicht gebrauchen, so ließ man sie in ihren anonymen Gruben, gab ihnen kein Grab, schickte ihre Knochen nicht heim zu ihren Familien oder auf Soldatenfriedhöfe. Sie waren kontaminiert mit Schuld und Blut. Dass man die Soldaten Hitlers dort in der Erde ließ, ohne ordentliches Begräbnis, das war sehr gut zu verstehen. Man wollte, für die Lebenden, eine Grenze markieren. Das war alles, nur kein Skandal. Die Grenze hieß, sich nicht einzumischen in die Belange der Toten, die doch für den Teufel Hitler gekämpft hatten und als deutsche Schweine von allen Seiten verhasst waren. So dumm starben sie, als deutsche Schweine. Wussten sie das? Fragen konnte man die Männer natürlich nicht mehr. Sie sind nicht mehr schlauer geworden, so wie die Überlebenden und die Über-ihnen-Lebenden. Für sowjetische Soldaten gab es bereits ab Ende 1945 erste Kriegsgräber, aber es konnten bei weitem nicht alle Kämpfer geborgen werden. Einige wenige ehrenamtliche Totengräber arbeiteten in der DDR halb im Verborgenen an der Suche und Identifikation der Gebeine weiter, ermöglicht dank kirchlichem Schutz. Heute sind die ideologischen Bedenken bei der Bergung der deutschen Soldatenknochen, samt ihren Stiefeln, Gürteln und Identifikationsplaketten, zwar ausgeräumt, aber es fehlen die finanziellen und personellen Mittel. Einen gibt es, es ist Erich Kowalke vom Volksbund deutscher Kriegsfürsorge, der hat schon hunderte rausgeholt. Hat sie den greisen Witwen und überraschten Nachkommen geschickt, dass sie für ein wärmeres Grab sorgen mögen. Aber auch Kowalke ist nun im Ruhestand, gräbt zwar noch ehrenamtlich, aber nicht mehr so emsig wie in jüngeren Jahren. Brandenburger Kommunalpolitikern bricht heute noch der Schweiß aus, wenn sie an ihn denken, so sehr fürchten sie, dass er wieder ein Massengrab heben könnte. Was das wieder kosten würde, und woher nehmen. Leben geht weiter. Die Toten liegen mit dem Makel des Faschismus in der Erde und halten fein stille. Aber nun. Gespenster halten nicht gerne stille. Gespenster kriechen aus den sandigen Gärten, aus den Pfuhlen, aus den Brüchen und Äckern. Es ist wahr, zwischen Berlin und der polnischen Grenze liegen sie heute noch, tausende Tote. Ihre Stiefel sind noch nicht zersetzt, die Helme hart wie Kruppstahl. Nur einen Meter zwanzig müsste man graben, kaum tiefer. Unidentifiziert, unchristlich verscharrt verharren sie dort. Deutsche und auch manche sowjetische Kämpfer. Wer im Gebiet der Seelower Höhen noch einen alten Schuppen, einen alten Stall oder nur die alten Eisenpfähle für die Wäscheleinen hinter dem Haus stehen hat, erkennt die Einschusslöcher. Hier wurde auf kurze Distanz gekämpft, auch nach dem 19. April 1945 noch, als die Schlacht schon entschieden war, die weißrussische Front nach Berlin durchbrach. »Bei unserer Rückkehr vom Treck hatten wir Jungen und die alten Männer die Aufgabe, die Leichen zu verscharren, die wie gesät auf dem Berg herumlagen«, so ein Zeugenbericht, den man auf einer der Stellwände in der Gedenkstätte Seelower Höhen lesen kann. Der Zeuge berichtet weiter, dass er bald darauf Kartoffeln in die Erde setzte, denn es war ja Frühling, höchste Zeit also, und es herrschte Not. Leben geht weiter. Immer ging die Zeit darüber hinweg, nun stehen wir hier, wo Johanna und ihr Mann Bernd in Müncheberg sich, nicht weit von den Seelower Höhen entfernt, ein Reihenhaus gemietet hatten. Ein Ort mit siebentausend Einwohnern. »Eine komische Stadt ist das«, sagt Johanna, »nicht richtig groß, aber auch nicht ganz klein.« Münchebergs alte Bausubstanz wurde durch die Kämpfe im April 1945 fast vollständig zerstört und erst im Zuge der Wiedervereinigung wurden die Häuser wieder aufgebaut. Eine rostrot geziegelte Mühle und ein Kloster aus dem 13. Jahrhundert geben dem Ort sein Gesicht zurück, obwohl hier natürlich kein Mehl mehr gemahlen und keine Mönche mehr gegrüßt werden. Mehr was zum Anschauen, eine Behauptung. Münchebergs eigentlicher Leistungsfaktor ist die Agrarwissenschaft und die Agrartechnik, und auch Bernd ist in dem Bereich forschend tätig. Wie dem sandigen Boden des märkischen Oderbruchs seine Früchte abzutrotzen sind, beschäftigt die Menschen hier schon seit vielen hundert Jahren.

Johanna jedenfalls begann, nachdem die Telefonwahrsagerin mitten in ihrem Wohnzimmer die entscheidende Frage gestellt hatte – »Mein Gott, wo wohnst du?« –, über die Gründe für ihr Unbehagen nachzudenken. Die erste Überlegung galt dem Tümpel, der hinter der Häuserzeile lag. Sie dachte an eine Wasserader, vielleicht zog eine Wasserader durch ihr Grundstück, die an allem schuld war. Johanna hatte nur ein Problem: »Ich bin überhaupt nicht esoterisch veranlagt.« Sie konnte nicht daran glauben. Sie befragte die Leute, versuchte zumindest, ihnen Geschichten von früher zu entlocken.

»Die Müncheberger sind total komisch. Geht man abends mal spazieren, denken die gleich, man hat Ärger zuhause oder gar kein Zuhause. Sie schauen dich an, und du weißt, sie denken nur Schlechtes. Können sich nicht vorstellen, dass es auch schöne Gründe gibt, abends spazieren zu gehen.«

Dem maulfaulen Menschenschlag ganze Sätze zu entlocken war mühsam, nur weniges erfuhr Johanna, aber immerhin sickerten zwei Sachen durch:

Es gab einen Keller in Müncheberg, da haben Russen Leute erschossen, einfach an die Wand gestellt. Die Flecken kann man heute noch sehen. Kurz davor hatte die Wehrmacht in Müncheberg gewütet und in den letzten Tagen vor der Kapitulation Deserteure öffentlich aufgeknüpft. Es reichte schon, wenn herumirrende Soldaten, die ihre Truppe verloren hatten, mit einer Landkarte in der Hand erwischt wurden, das galt als Beweis für Fahnenflucht. Die armen Männer baumelten, bis die Russen nach Berlin weitermarschierten. Dann hat man sie verscharrt, irgendwo liegen sie heute noch. Niemand will es wissen. Der Wald steht schwarz und schweiget. Dass nach dem Krieg hier militärische Übungen stattfanden, erfuhr Johanna dann noch. Altlasten stecken heute noch im Märkischen Boden. Den Minen im Boden fiel noch Jahre später manch einer zum Opfer. Das Pilze- und Beerensammeln im Wald haben Johanna und Bernd schnell aufgegeben.

Einmal kam eine Nachbarin auf einen Kaffee vorbei, die meinte Johannas Sorgen zu verstehen. Das Reihenhaus habe falsche Proportionen. Die Haustür und das große Wohnzimmerfenster in einer Linie, eine Katastrophe. »Die Energie kommt rein und sie geht gleich wieder raus. Siehst du das nicht?« Schon im Frühling merkte Johanna, dass im Garten nichts wachsen wollte. Die Rasensaat kam nicht hoch, die Zwiebeln gingen nicht auf, die Hecken schossen keine Triebe. Der Garten wirkte verwahrlost. Diejenigen Nachbarn, die blühende Gärten vorweisen konnten, schütteten Tonnen neuer Muttererde hinein. Aber der Boden in Johannas Garten blieb wie tot, hätte auch Muttererde gebraucht. Aber Johanna glaubte nicht daran, da liegt wohl ein alter Sowjetsoldat im Tümpel, der Heimweh hat, deshalb wächst hier nichts. Das ist doch der Grund, resignierte sie. Auch das Häuschen war anfangs in einem schlechten Zustand. Die feuchte Stelle in der Küche beispielsweise, wo die Tapete sich schon löste. Der Handwerker, der kam, zeigte sich unverhohlen angewidert. Er bekam einen Schlüssel, der wanderte an die nachfolgenden Handwerker weiter, die Laminat verlegten und auch Kacheln und Armaturen ausbesserten. Bei einem Kontrollgang stellte Bernd fest, dass sämtliche Wände im Gästeklo nass gepinkelt waren. Es muss ein Handwerker gewesen sein, mutmaßten sie, wer sonst. Johanna und Bernd waren schockiert und fragten sich, ob vielleicht ein alter Handwerksbrauch dahinterstecken mochte. Kein abwegiger Gedanke übrigens, so ist auch der »Einbrecherhaufen« überliefert. Ein in ganz Europa bekanntes Phänomen, dem sonderbaren Glauben unter den Verbrechern alter Zeit geschuldet, dass die Tat so lange unentdeckt bleibt, als die Exkremente nicht erkaltet sind. Und so bohrte und flehte das Nein zu Müncheberg schon von Anfang an, bitte doch gehört zu werden, aber Johanna und Bernd wollten es nicht hören. Für Müncheberg sprach nicht weniger als die Summe der vernünftigen Argumente: die kurze Entfernung zum Arbeitsplatz, die himmlische Ruhe, die umfassende

Naturnähe, die kindergerechte Übersichtlichkeit, die anderen Familien um sie herum. Sie arrangierten sich eine Weile mit dem kargen Garten, den verdrucksten Menschen, dem grauenhaften Feng Shui. Bernd ging ins Institut, Johanna arbeitete an ihrer Doktorarbeit und fuhr hin und wieder nach Berlin, wo sie einen Lehrauftrag hatte, das Kind kam zu einer Tagesmutter. Sie verbrachten die Wochenenden in Prenzlauer Berg bei Freunden, die für sie und das Kind ein Zimmer räumten. »Wenn ich sonntags wieder zurückkam, fühlte ich, wie das Haus mir wieder meine Energie entzog. Ich schlief schlecht, ich sah furchtbar aus, ich hatte keine frohe Zeit mehr.« Dennoch hielten sie an allem fest. Dann bekamen sie neue Nachbarn, ein blutjunges Paar aus dem Ort. Johanna rauft sich die Haare, wenn sie an die beiden Gestalten denkt. Sie arbeitete als Bedienung in einem Hotel, das mit Wellness-Angeboten und deftig-deutscher Küche auf die Besucher der Gedenkstätte Seelower Höhen abzielte. Er war ein mit Spinnennetzen und Runen tätowierter Angler, der Süßfische an Hotelküchen verkaufte. Das Paar trennte sich schon wenige Monate nach dem Einzug und hinterließ neben einem kurzen, schreckhaften Eindruck zwei Matratzen auf der Straße und im Haus den durchdringenden Geruch von Fischblut. Gegen den Gestank hätte vielleicht noch Ausräuchern geholfen. Und auch Johanna hätte ihr Haus, das sich mit Geistern und Geschichten krankhaft aufgeladen hatte, am liebsten ausgeräuchert, mit Kräutern, aber sie hatte Angst, das Haus würde sich dafür an ihr rächen. Diese Arbeit müsste jemand anders tun. Auch kam es ihr hirnrissig vor, ausgerechnet an diesem Flecken Erde an die natürliche Heilkraft alles Gewachsenen zu glauben. Reiner Selbstbetrug. Lauscht doch nur mal dem Flattern und Summen in der Luft, wenn Sommer herrscht. Gar nichts ist zu hören. Die Raupen in Märkisch-Oderland verenden, es sind immer weniger Schmetterlinge, und Bienen sterben auch. Die Imker vernichten den verunreinigten Honig, und wenn sie irgendwie können, ziehen sie ihre Völker aus den Gebieten ab. Die Poesie der Natur ist längst passé und Johanna ahnt den Grund. Müncheberg hatte sich als agrarwissenschaftlich bedeutender Standort vor allem durch seine aufgeschlossene Haltung gegenüber den Überlegungen der gentechnisch unterstützten Landwirtschaft verdient gemacht. Wirtschaftlich hängt die Region hinterher, sie liegt in wirklich allen nur denkbaren Feldern zurück. Doch gerade beim Anbau von Genmais nahm man eine Vorreiterposition ein. Der Anbau von Genmais war hier so groß wie nirgendwo in Deutschland. »Die Leute hier schlugen einen anderen Weg ein«, sagt Johanna. »Der Boden ist ertragsarm, er benötigt viele Wechsel, hat keine Verbindlichkeit. Das war schon immer so, hat mir eine alte Frau erklärt.« Weil aber dieses Thema auch den Arbeitsplatz ihres Mannes tangiert und somit das Auskommen ihrer Familie, verstummt Johanna an dieser Stelle. Über so unheimliche Dinge wie Schreckgespenster redet sie gern, aber Genmais und Raupentod, nein. Sie wohnt nicht mehr in Müncheberg. Kaum dass sie wieder schwanger war, zogen sie zurück nach Berlin. »Mein Mann hat uns da rausgeholt«, sagt Johanna jetzt. »Ich hatte schon keine Kraft mehr dafür. Es war die richtige Entscheidung, auch wenn es für meinen Mann viel mehr Fahrtzeit bedeutet. Wir entscheiden jetzt nur noch nach dem Bauchgefühl.«

Dem Reihenhaus sieht man das alte Unglück nicht mehr an. Es ist wieder vermietet, an Einheimische. Aber einmal noch fuhr Johanna in die Straße, nur so, bevor sie ihren

Mann auf der Arbeit abholte. Nur um kurz zu halten und wieder Gas zu geben. Für das Gefühl, nicht aussteigen zu müssen. Aber denkste. Sie hatte einen Platten, und sie hatte noch nie im Leben einen platten Reifen. Also musste sie aussteigen und bei den neuen Leuten klingeln, und als es schellte, wusste sie, das Haus lacht. Es lacht sie aus, die arme Berlinerin.

Die Geisterbestellung

Ein großer schwerer Karton steht mitten im Zimmer, voll mit englischen und amerikanischen Büchern, die von allen möglichen übersinnlichen Phänomenen aus dem 20. Jahrhundert handeln. Die Geisterbücher enthalten wahnwitzige Illustrationen und Fotografien, haben großartig klingende Titel. Die Bücher gehörten einem Deutschen, der sie auf seinen Streifzügen durch die Antiquariate der westlichen Welt gekauft hat. Dann, vor nicht allzu langer Zeit, starb er, und sein Nachlass von etwa fünfzehntausend Büchern ging an ein Antiquariat, wo es in thematische Konvolute aufgeteilt und im Internet angeboten wurde. Dieses Paket kostete 63 Euro, Lieferung inklusive, und kein Nachbar wollte es während meiner Abwesenheit für mich annehmen. So wurden diese Bücher im Zentralverzeichnis antiquarischer Bücher angeboten:

»Verkauft wird ein Konvolut von ca. 35 englischsprachigen Büchern zu Geistern und Toten/Untoten/Wiedergeburt. Der Bestand entstammt dem Nachlass eines fanatischen Sammlers. Er kaufte die Titel großteils in Antiquariaten. Die Bücher sind überwiegend gebraucht und deshalb mit den üblichen Spuren versehen: z.B. berieben, lichtrandig, Besitzervermerk, mit Buchhandelsaufklebern, fleckig. Unglaublich, was es alles gibt bei unseren angelsächsischen Vettern! Äußerst kurios erscheint der Titel ›Haunted Britain‹: Ein Reiseführer der Spukhäuser! Nach Provinzen aufgeteilt sind hunderte gruselige Örtlichkeiten in England, Wales und Schottland aufgeführt – was einen GB-Urlaub der ganz besonderen Art ermöglicht! Schaurig schön.«

Es handelte sich insgesamt um 38 Titel, aus denen ich acht thematische Stapel machte:

1. Reiseführer und Einzeldarstellungen zu Spuk in Pfarr-häusern und Schlössern in Großbritannien und Ameri-ka.
2. Biographische und autobiographische Berichte: Ein Geisterjäger über sein abwechslungsreiches Leben und seine schönsten Fälle: *No Common Task – The Autobio-graphy of a Ghost-Hunter by Peter Underwood, President of the Ghost Club.* Die Biographie von Sir Oliver Lodge über seinen Sohn Raymond, der als junger Mann im ersten Weltkrieg fiel und dem Vater Botschaften aus dem Jen-seits schickt (*Sir Oliver Lodge: Raymond or Life and Death. With Examples for the Evidence for Survival of Memory and Affection after Death. 3.Auflage 1916*).
3. Bücher über die Amityville-Legende aus den USA.
4. Bücher über das Phänomen der spontanen Selbstentzün-dung, beispielsweise der schöne Titel »*Fire from Heaven*«.
5. Bücher zum Thema Reinkarnation.
6. Bücher über Poltergeister.
7. Allerlei Einzeldarstellungen über die andere Seite, zum Beispiel über Engel, Nahtoderfahrungen, Lichttunnel, Enzyklopädie der Geisterwelt, die Zombies von Haiti, irrtümlichen Tod und geheimnisvolle Anhalter (*Phan-tom-Hitch-Hikers*), die an kurvigen Landstraßen lauern und Autofahrer gefährlich durcheinanderbringen.
8. Sammelbände fiktiver und zumeist klassischer Gespens-tergeschichten.

Der Antiquar meldete sich bei mir per E-Mail, nachdem er vom Internetportal die Bestellbenachrichtigung erhalten hatte, und verlangte Vorauskasse. Immerhin handele es sich um einen Betrag von über fünfzig Euro, bat er um Verständnis. So beflissen wie erregt versprach ich ihm zügige Überweisung. Zudem schrieb ich, dass ich sehr gespannt auf das Paket sei, da ich mich mit dem Thema auseinandersetzte und eine eigene Publikation dazu plante. Ich kündigte an, mich wieder melden zu wollen, »falls sich nach der Lieferung noch Nachfragen ergeben«.

Der Antiquar schrieb zurück: »Welche Nachfragen sollten sich ergeben?« Immerhin verriet er noch, dass der Sammler ein fanatischer Mann gewesen sei (aber das wusste ich ja schon), der sein gesamtes Leben den Büchern gewidmet hätte. Weil er sich aber mit seiner Familie zerstritten hatte, verkaufte diese nach seinem Tod das ungeliebte Erbe an Händler. »Weitere Nachfragen sind sinnlos«, teilte der Antiquar abschließend mit.

Das Paket wurde furchtsam geöffnet. Das Staunen war groß, und unheimlich war die Sache auch. Geisterfotos, Geisterhäuser, Geisterprotokolle, Geisterwahn, aufgeladen mit den Codes des Authentischen. Der Geruch war nicht schlimm, gar nicht modrig, wie Bücher eben riechen können, wenn sie schlecht gelagert werden. Etwas ratlos packte ich die Bücher wieder in den Karton. Nur zwei der Titel blieben draußen: »Seeing Ghosts« – ein amerikanisches Hardcover, mit einem Edward-Hopper-Bild auf dem Umschlag, »Cape Cod Morning«, auf dem sich eine Frau weit aus einem Fenster beugt. Das zweite war »The Forbidden Zone«, ein Buch mit Reportagen über Personen, für die der Tod ein Teil ihres Lebens ist: Mörder, Bestatter, Detektive, rituelle Schlächter. Das Buch »Seeing Ghosts« kam bald mit auf eine Busfahrt mit dem 245er, ich saß hinten, doch nichts geschah. Niemand sprach mich auf meine spektakuläre Lektüre an. Auch zuhause nicht, mein Mann bemerkte es nicht einmal. Obwohl »The Forbidden Zone« mitten auf der Kommode im Flur lag, mit seinem besonders gruseligen Cover: eine leere weiße Maske mit weit geöffnetem Mundschlitz, an einen Holzstab gepflockt. Und nicht einmal die sonst so angsthasigen Kinder störten sich daran. Ich packte das Paket noch einmal aus. Suchte Notizen und Hinweise in den Büchern, die mir etwas über den fanatischen Sammler hätten erzählen können. Ich googelte seinen Namen, den ich den Büchern entnommen hatte, mit einem Bleistift und in einer wirklich hübschen Handschrift hatte er ihn in einige Bände geschrieben. In »The Poltergeist Phenomenon« hatte er auch notiert, wo und wann er das Buch gekauft hat: *London, Sept. 1st, 1997.* Er hieß mit Vornamen Walter ohne h, und Google wusste auch nichts über ihn. Ich staunte und wunderte mich sehr über die Vitalität der Geisterlegenden und -wissenschaften im englischen und amerikanischen Raum, aber ich merkte schnell, dass ich mich weniger für die Bücher als für den geheimnisvollen Sammler interessierte. Dieser unbekannte tote Mann machte mich schrecklich neugierig. Dabei gab es doch nur einen Karton bizarrer Geisterbücher. Es gibt einen Toten, ein Geheimnis, einige geisterhafte Artefakte, und es gibt Neugier. Man mag es grässlich finden, mich für krankhaft neugierig halten, aber mich beschäftigte vor allem eine Frage: Warum nur war der Antiquar so unkooperativ und wollte mir nicht mehr über den fanatischen Sammler verraten? Abgesehen davon, dass Männern die Neigung zum Plaudern fehlt. Ich rief ihn also an. Vielleicht war er dieses Mal besser gelaunt.

Ich sagte, wer ich war und was ich von ihm gekauft hätte, das Konvolut mit den Geisterbüchern nämlich. Der Antiquar meinte, er erinnere sich.

Ich stammelte, dass mich die Identität des fanatischen Sammlers nicht interessiere, ich aber gerne mehr über ihn erfahren wolle, da ich im Begriff sei, eine Geschichte über das seltsame Buchpaket zu schreiben.

Der Antiquar sagte, er verstünde diesen Unterschied, der mir allerdings in diesem Moment selbst nicht ganz klar war.

Denn was wollte ich eigentlich? Die Geschichte des Mannes und seiner zerstrittenen Familie hören, die Umstände seines Todes erfahren und alles über seine Art zu leben wissen? Was war er von Beruf, woher kam seine Sammelleidenschaft – war es eine Bibliophilie oder eine Bibliomanie? Das alles und noch viel mehr. Ich wollte die Geschichte, nicht die Adresse, ich wollte in die Legende eintauchen. Aber das durfte ich nicht so direkt sagen.

Ich fragte, ob der fanatische Sammler die Bücher auch alle gelesen hätte? Vermutlich ja, meinte der Antiquar. Dann sagte er mit eiskalter Genüsslichkeit: Jedem anderen hätte er erzählt, was er über den Sammler weiß, »nur Ihnen nicht, weil Sie darüber schreiben«. Genau so sagte er es mir – jedem anderen Menschen hätte er es erzählt – »nur Ihnen nicht«. Dann sagte er noch etwas ganz Schreckliches: »Sie müssen mit der Phantasie arbeiten.« Die Phantasie aber, und das wussten wir beide, war in diesem Fall die schlechteste Option. Die Arschkarte. Dieser Antiquar war perfide. Wahrscheinlich machte es ihm Spaß, mich zappeln und betteln zu lassen und meine gestammelten Bemühungen und durchschaubaren rednerischen Tricks zu durchkreuzen. Ich versuchte, das Gespräch in Gang zu halten. Vielleicht rutschte ihm ja beiläufig etwas heraus.

Ich nannte den Namen des Verstorbenen, da ich ihn ja nun aus den Büchern kannte, und fragte, ob es sich bei diesem Walter Soundso um den Besitzer dieser Bücher handelte. Der Antiquar schwieg laut, und der Name des Besitzers war definitiv geklärt.

Ich fragte, wie viele Bücher zu den Themen Tod, Geister und Gespenster er noch vorrätig hätte.

Zu »Hexen und Dämonen« und zu »Parapsychologie« gebe es noch Konvolute, sagte er, aber sein Computer sei ausgeschaltet und ich möge doch selbst im Internet recherchieren.

Ich fragte, ob der Sammler chronisch krank gewesen sei, weil er sich so viel mit Geistern und Jenseits und Leben nach dem Tod beschäftigt habe.

Der Antiquar sagte, der Sammler sei an allen möglichen Themen interessiert gewesen. Bei einer Bibliothek mit 15 000 Bänden sei das nur ein ganz winziger Aspekt gewesen.

Aber glaubte der fanatische Sammler denn an das Leben nach dem Tod?, fragte ich trotzig.

Der Antiquar überlegte, sagte weder ja noch nein. Aber dann diese Information: Der Sammler sei »Mitglied in einer Ufo-Versammlung gewesen«. Jetzt war ich natürlich noch heißer auf Informationen. Er selbst, sagte er noch, habe den Mann zu seinen Lebzeiten nicht kennen gelernt, ihm wären die Geschichten auch nur zugetragen worden, als er große Teile der Bibliothek von der Familie ankaufte. Da waren auch schon viele wertvolle Bücher an andere Händler gegangen. Alte spiritistische Bücher zum Beispiel, das Thema hätte den Sammler sehr interessiert.

»Alchemistenkram?«, fragte ich.

Da wurde der Antiquar total sauer, die Stimme kälter als kalt.

»Was Sie Alchemistenkram nennen, ist teilweise sehr wertvoll und auch sehr teuer.«

Ich sagte, der fanatische Sammler habe viele Geisterbücher in London gekauft, das hätte ich seinen Eintragungen in den Büchern entnommen.

Ja, das bestätigte der Antiquar, der fanatische Sammler wäre hin und wieder nach London gereist und sei »mit großen Koffern voller Bücher zurückgekehrt«.

Der Antiquar wurde ungeduldig. Ich versuchte es mit einer weiteren Methode, der härtesten vielleicht: Menscheln, dem menschlichen Verhaltensspektrum Gesetzmäßigkeiten abtrotzen. Wenn man jemanden in der Familie hat, der sein Geld fanatisch für eine Sache ausgebe, führe das sicher zu mancher Enttäuschung und vielerlei emotionalen und finanziellen Konflikten, seufzte ich, und vielleicht habe die Familie des fanatischen Sammlers ja auch unter seinem Hobby gelitten?

Der Antiquar ging meinem Volkstheater leider nicht auf den Leim und sagte trocken wie Krümelkeks: »Ja, das kann durchaus sein.«

Ich steigerte die Dosis. Mein Mann, sagte ich, habe ja auch Hobbys, und ich würde mich manchmal fragen, warum er dafür so viel Geld ausgeben müsse.

Und da hatte ich ihn! Seine Worte kamen geschossen wie die wütende Lava aus dem sizilianischen Ätna, böse, fauchend, giftig. »Ja sehen Sie, ich habe keine Frau, und ich bin auch froh, dass ich mich nicht vor einer Frau dafür rechtfertigen muss, was ich mit meinem Geld mache.«

»Aber … aber wenn man gemeinsame Kinder hat?«, bat ich ihn stotternd um ein Quantum Einsicht.

Da grummelte er ja ja und erzählte noch, der fanatische Sammler habe auch viel Schrott gesammelt. Aber Bücher

seien eine werthaltige Geldanlage, was eben nicht jeder
verstehe. Wenn er Geld übrig hätte, dann würde er es auch
für wertvolle Bücher ausgeben.

Ich staunte. »Ach ja? Ach so?«

Das Telefonat beendete er mit dem Angebot, mir fünf
Prozent Rabatt auf weitere Bestellungen einzuräumen.

Dieses Gespräch hatte mich sehr erschöpft, und ich wusste
nun vor allem eines: Dieser Mann hatte ein Problem mit
Frauen. Diese sind, glaubt er, zu wahrer Leidenschaft nicht
fähig, sie kennen den Wert des Buches nicht. Was ein Witz
ist, vor allem, wenn sich diese Haltung in einem Gespräch
mit einer Schriftstellerin manifestiert. Wer denn, wenn
nicht ich, könnte die Leidenschaft für Bücher mit ihm teilen? Und war er es nicht, der mir die Buchproduktion er-
schwerte, weil er den kostbaren Rohstoff nicht preisgab?
Ein gnadenloser Witz war das. Nun muss man wissen: Bü-
chermenschen sind nicht automatisch gute Menschen.
Derlei unerfreuliche Gedanken schob ich beiseite, denn ich
musste zunächst diese ominöse »Ufo-Versammlung« aus-
findig machen, in der der selige Walter Mitglied gewesen
sein soll. Aber »Ufo-Versammlung« hörte sich seltsam an.
Ich fand eine »Gesellschaft zur Erforschung des Ufo-Phänomens e.V.«, die seit den 1970er Jahren existierte und sich
als kompetenter Partner in Sachen Ufo-Sichtung pries:
»Dabei vertreten wir eine offene, aber kritische Haltung
gegenüber dem Ufo-Phänomen und grenzen uns sowohl
gegen dogmatisch-skeptische Gruppen als auch gegen un-
kritische Ufo-Sekten ab«, heißt es auf der Webseite. Auf
der auch stand, dass die Gesellschaft einhundert Mit-
glieder hat. Vielleicht konnte ich von diesen Leuten etwas
über das vermeintliche Mitglied Walter erfahren? Es gab

sogar eine Telefonnummer, die sollte man anwählen, wenn man ein Ufo sichtete. Ich versuchte es mehrfach, doch niemand nahm ab. Auf der Mailbox meldete eine eindringlich monotone Frauenstimme: »Hier ist die Gesellschaft zur Erforschung des Ufo-Phänomens ...«, und man konnte erfahren, dass das Büro nur unregelmäßig besetzt ist, man solle es abends probieren. Ich bestellte per Mail die aktuelle Ausgabe des Ufo-Magazins »Jufof« und übte mich in Geduld. Irgendwann würde mir ein Ufoist über den Weg laufen und den würde ich unvermittelt fragen: Walter – kennen Sie den, was war das für ein Mensch? Welche Ufo-Position hat er vertreten? Was wissen Sie über seine Büchersammlung und den Stellenwert der Bücher in seinem Leben? Warum starb er, und haben Ufos etwas mit seinem Tod zu tun? Doch das war Zukunftsmusik. Zunächst überlegte ich mir einen neuen Dreh, um den verkniffenen Antiquar doch noch zum Reden zu bringen. Ich müsste jemanden finden, der dem Antiquar ein paar Konvolute abkauft – um dann eine kleine Provision in Form von Dankbarkeit, Leutseligkeit und Gesprächigkeit zu erhalten. Und als ich mein Buchpaket abermals betrachtete und mich fragte, wer außer mir so was Irres kaufen würde, fiel mir plötzlich ein Berliner Bekannter ein: Jonathan Meese. Der bekannte Künstler Jonathan Meese natürlich, mit dem ich gelegentlich bei Feierlichkeiten in seiner Galerie Contemporary Fine Arts zusammentreffe, mit dem ich getanzt und gealbert und Eierlikör getrunken und mich intensiv über den großen Ludwig Tieck, insbesondere den blonden Eckbert und die Gänsehaut-Romane von A. L. Stine unterhalten habe. Von Nerd zu Nerd haben wir uns gewissermaßen abgeklopft. Ja, und hatte Jonathans Mutter nicht kürzlich im Fernsehen gesagt, ihr Sohn fröne vor allem zwei Leidenschaften: dem Essen und dem Kauf von Büchern. Ich hatte möglicherweise meinen perfekten Helfershelfer gefunden. Gefallen würden ihm die Konvolute des Antiquars, die ich ihm aus dem Internet fischte, sicherlich: Über Räuber und Briganten, über Meeresungeheuer, über den Jeti und Bigfoot, über Kriege im Mittelalter, über Samurai, über das Turiner Grabtuch, über Hexen und Dämonen, über Giftmorde und absonderliche Kriminalfälle. Der Antiquar hatte sich sogar die Mühe gemacht, jedes Bücherpaket auf seinem Parkett auszulegen, die Buchtitel zu fotografieren. Die schönen Cover kamen prächtig zur Geltung, wie könnte Jonathan Meese da widerstehen. Meese-unmöglich. Mit den Ausdrucken in der zittrigen Hand rief ich Jonathan an. Natürlich drang ich nur bis zu Doris vor, seiner resoluten Assistentin. Immerhin meinte sie sich an mich zu erinnern und ich erzählte ihr die Geschichte von der außergewöhnlichen Bibliothek eines verstorbenen Sammlers, die nun zum Verkauf stand. Ob Jonathan nicht auch kaufen wolle? Doris bestätigte Jonathans große Liebe zu ausgefallenen Büchern und war sogar damit einverstanden, eine eventuelle Bestellung über mich abzuwickeln.

»Der Antiquar ist ein Mega-Arschloch«, sagte ich. »Der will mir was Bestimmtes nicht verraten, aber ich brauche eine Information von ihm für eine Geschichte, die ich gerade schreibe. Und jetzt brauche ich ein Druckmittel. Verstehst du?«

»Ungewöhnlich, aber wieso nicht«, sagte sie. »Allerdings kann ich dir nichts versprechen. Ich müsste Jonathan die Liste erst einmal vorlegen, und wir sind dauernd unterwegs, heute hier und morgen da.«

Sie nannte mir eine Postfach-Adresse. Dahin schickte

ich umgehend die ausgedruckten Listen. Jetzt war es an Johnny Meese, seinen Teil zur Geschichte beizutragen. Aber würde mir der berühmte Künstler wirklich zu meiner Geschichte über den fanatischen Sammler verhelfen können? Mit diesem inneren Kliffhänger musste ich einige Zeit leben und derweil bereitete ich mich auf meine nächsten Telefongespräche mit dem abweisenden Antiquar und einem Ufo-Club in Lüdenscheidt vor.

Die bisherige dezidierte Erzählweise muss nun aufgegeben werden und einer rascheren Zusammenfassung der Ereignisse weichen. Denn es kostete wochenlange Mühe, einen deutschen Ufo-Verein zu finden, in dem sich mein fanatischer Sammler getummelt haben mochte. Meine allergrößte Hoffnung galt der »Mufon-Ces«, einer Gruppe von »Akademikern und Detektiven«, die ihren Sitz in jenem Bundesland hat, in dem der Geisterbuchsammler gelebt hatte. Die »Mufon-Ces« glaubt, dass die Erde von Außerirdischen und Zeitreisenden besucht wird. Sie stützt sich dabei auf die Theorien des umstrittenen Physikers Burkhard Heim und vor allem seine Theorie der 6-dimensionalen Quanten-Geometrodynamik, wonach es Parallelwelten gibt, in die das Bewusstsein nach dem Tod übergeht. Eine weitere Kernidee dieser Gemeinschaft ist, dass Raumflüge der Zukunft vor allem Zeitreisen sein werden und Ufos eben als Reisebehältnisse aus verschiedenen Erd-Zukünften dienen. Die Ufo-Besatzungen bestehen aus kleinen grauen Bio-Robotern – den so genannten »Grauen« (den »greys«), die wie Lebewesen wirken – und Menschen aus der Zukunft. Sie sammeln bei uns menschliche Erbmaterialien, vor allem Spermien und Ovarien. Sie interessieren sich nicht für den deutschen Fußball, für die

Landschaft oder Kultur, sie gehen sehr gezielt vor. Sie würden sich auch nicht für die Bücher des fanatischen Sammlers interessieren. Nicht einmal der erste Vorsitzende der Mufon-Ces, ein Herr namens Illobrand von Ludowiger, kannte den Namen meines Sammlers. Und auch die anderen Männer, die deutschlandweit abends an den Notruf-Telefonen der maßgeblichen Ufo-Vereine sitzen und auf interessante Ufo-Sichtungen und sonstige bemerkenswerte Himmelsmeldungen warten, kannten Walter nicht. Ein Herr vom Ufo-Notruf-Telefon in Leipzig war so freundlich und schaute in seiner Mitgliederkartei nach. Auf all diesen Spuren fuhr ich voll gegen die Wand. Und auch Johnny Meese gab mir keinen Anlass, dieser Geschichte weitere Zeilen hinzuzufügen, befand er sich doch auf einer Ausstellungstournee. Allerdings passierte dann doch noch etwas.

Ein Freund wollte ein Buchpaket aus Walters Bestand zum Thema Cowboys und Outlaws kaufen. Allerdings war dieses Konvolut hochpreisig angesiedelt und der Freund wollte handeln. Bevor er den Antiquar anrief, gab ich ihm eine Liste mit Fragen und hämmerte ihm ein: Zuerst sollte er fragen, wie die Bücher gelagert worden waren – rochen die Bücher komisch? – wie und wo würden die vielen Bücher aufbewahrt? Über diese Frage ließe sich vielleicht in Erfahrung bringen, wie der Sammler gelebt hatte und was er arbeitete. Und der Freund hatte Glück, die Quelle begann zu sprudeln, und das genoss mein detektivischer Assistent. Denn auch er bemerkte, dass der Antiquar ein besonders harter Brocken war, der manches Mal die Erzählung abbrach, insbesondere, wenn es um die Todesursache und den Beruf des Sammlers ging. Da sagte er doch tatsächlich: »Das geht jetzt zu weit!« Dennoch lieferte er – ohne es zu wissen – folgende neue Informationen:

Der fanatische Sammler war ein »Messie«, der Bücher, Hemden und unbeschriftetes Papier sammelte.

Die Bücher wurden in Regalen gelagert. Das Haus war komplett mit Regalen zugestellt, durchs Haus führten nur noch Pfade.

Die Sammlung hatte keinen Themenschwerpunkt. Er sammelte »jeden Scheiß, viel billiges Zeug.«

Der Sammler lief fast täglich von einem Antiquariat zum nächsten und hat mindestens zwanzig Bücher pro Tag gekauft.

Er war vermutlich schlau, aber kein Mann der Wissenschaft, eher trivialwissenschaftlich interessiert.

Und auf die Frage nach dessen Beruf machte der Antiquar folgende rätselhafte Bemerkung: »Es gibt auch Jobs, wo man viel Zeit hat und trotzdem gut verdient.«

Nach diesem Informationsgewitter rief ich wie unter Zwang ein Dutzend Antiquariate in der Heimatstadt des Sammlers an und fragte, ob sie sich an einen bibliomanischen Mann erinnern könnten, der bis zu zwanzig Bücher täglich kaufte, über Jahrzehnte, und nannte abschließend auch den kompletten Namen von Walter. »Ja, da gibt es mehrere, die täglich zwanzig Bücher kaufen«, sagten die Buchhändler, doch sie kannten Walter nicht. Meine Neugier ließ sich nicht befriedigen, und sie wurde immer unangenehmer. Waren es die Geisterbücher selbst, die mich anstachelten, mehr über ihren vormaligen Besitzer zu erfahren? Sie lagen immer noch in dem Karton. Was sollte ich mit diesen Schwergewichten tun, ihnen etwa neue Regalmeter in meiner Wohnung einräumen? Immer noch gehörten Walter diese Bücher, viel mehr noch als zu Beginn der Suche. Wie ein Kinderdetektiv stolperte ich zwischen den Stichworten zu einem verblassten und traurig anmutenden Erwachsenenleben herum, in der Annahme, dies alles sei verzaubertes Land und geheimnisvoll. Was versteht schon ein Kinderdetektiv von einem Mann, der Hemden, unbeschriftetes Papier und Bücher sammelt. Messies wollen die Grenzen des eigenen Lebens nicht akzeptieren, sie horten, um stets alles zur Verfügung zu haben, als würden sie ewig leben, heißt es in der Fachliteratur. Walter gelangte dann an die Grenze seines Lebens, und wenn ihm vor dem Tod noch bewusst geworden ist, dass auch seine Bücher ihn nicht würden halten können, dann war das sicher kein gnadenvoller Moment für ihn. Nach seinem Tod verramschte die Familie das irre Lebenswerk und befreite das Haus von den Regalen, die sich als labyrinthische Mauern eines seelischen Gefängnisses durch das Gebäude zogen. Walters Sammlung steht nun im Netz, sorgfältig nach Themengebieten geordnet, so ordentlich wie noch nie zuvor, in Geduldspakete gepackt und versendungsfertig. Zu kaufen für dich und mich. Ein winziger Teil seiner Welt landete so in Berlin und erzählt etwas von der Traurigkeit der Gespenster, die sitzen auf staubigen Büchern, tragen weiße Hemden und fassen nach unbeschriftetem Papier.

Kinder- und Hausmärchen

»Es hat sich nie materialisiert, es sind dumpfe Gefühle«, sagt Heike. Aber sie scheint sich sehr zu freuen, endlich über die Wohnung in der Göhrener Straße mit gebührendem Abstand sprechen zu können. Vor wenigen Wochen zog sie dort aus und ist seither einfach nur erleichtert. Denn sie erwartet ihr erstes Kind. Es sollte auf keinen Fall in das furchtbare Haus in der Göhrener Straße geboren werden.

Heike und ihr Mann kamen aus Köln und suchten eine Wohnung in Berlin. Es musste schnell gehen. Innerhalb von zwei Tagen bewältigten sie ein Dutzend Besichtigungen. Dann das Angebot der Firma Boettcher Immobilien, die jeden Sonntag Wohnungsbesichtigungstouren durch den Prenzlauer Berg veranstaltet: Fünf Zimmer, 115 qm im Prenzlauer Berg. »Ziemlich runter, halb renoviert, also nicht zu Tode renoviert, man konnte noch was daraus machen«, sagt Heike. »Es war ein schönes Gefühl anfangs. Wir dachten, wir tun das Richtige. Aber ich bin ein abergläubischer Mensch.« Der Mietvertrag sollte unterschrieben werden, direkt in der Wohnung. Heike schnitt sich am Papier den Finger. Blut tropfte. »Drei Tropfen auf den Boden. Ich sehe noch vor mir, wie es tropfte. Ein, zwei, drei Blutstropfen, mitten im Zimmer. Nein, es hat nichts zu bedeuten, redete ich mir ein. Nein, es ist gar nicht schlimm.«

Nach der Unterzeichnung fuhr Heike zurück nach Köln, um ihren Hausstand einzupacken. Drei Wochen später stand sie wieder in der neuen Wohnung. Ihr erstes Gefühl:

»Ich will hier nicht meine Tasche abstellen, ich will hier nicht bleiben. Das Gefühl blieb zweieinhalb Jahre. Deshalb wurde die Wohnung nicht renoviert und nicht schön eingerichtet. Deshalb blieb sie in einem provisorischen Zustand. Weil sie so ungeliebt war. Ich war in dieser Wohnung überhaupt nicht gerne alleine. Da habe ich mich echt gegruselt. Ich hatte Angst, das Licht auszumachen, und wenn ich im Bett lag, waren meine Gedanken beherrscht von der Frage, ob hier nicht irgendwelche Kräfte am Werk seien, die nicht gut sein könnten.«

Heike erklärt sich ihr Unbehagen auch mit der Lage der Wohnung, alle Zimmer gingen nach Norden und waren relativ dunkel. »Und abends war es *richtig* dunkel.« Gegenüber stand ein hässlich anzusehendes Haus, man konnte es von allen Zimmern aus sehen. Heike nannte es immer nur »das Leberwursthaus«. Halb verfallen, ochsenblutrot und ockerfarben. Immer nur dieser Ausblick. Sie fühlte sich abgeschnitten von der Welt, durchdrungen von Misstrauen. Der Boden quietschte, die Wände wackelten, es gab ständig Übertragungen von Bewegungen und Geräuschen, die kamen vermutlich aus dem Nachbarhaus. »Komischerweise gab es nette Hausbewohner«, sagt sie jetzt verwundert. Vielleicht spukte ihr eine alte »Spökenkieker-Geschichte« im Kopf herum, die man ihr als Kind oft erzählt hatte, vielleicht war sie deshalb so empfindlich.

»Meine Eltern hatten eine gute Freundin, eine sehr kranke Frau, die Multiple Sklerose und Krebs hatte. Sie musste aus ihrer Wohnung ausziehen. Mein Vater half ihr bei allem und führte auch interessierte Nachmieter durch die Räume. Einmal war ein altes Schwesternpaar da, um die

Wohnung zu besichtigen. Die eine Frau blind, die andere Frau schwerhörig. Die Frauen besahen die Räume und sagten: Da kann niemand drin leben, man würde unweigerlich schrecklich krank werden.«

Der diffuse Spuk in der Göhrener Straße wurde für Heike durch ein überraschendes Ereignis ein klein wenig gemildert. Eines Tages bekam sie Besuch von ehemaligen Bewohnern und sie stellte erleichtert fest, dass es in diesem Haus früher »ganz normales Leben, normale Bewohner« gab:

»Einmal kam eine ältere Dame, fast achtzig Jahre alt, mit ihrem jüngeren Bruder die Treppe hoch. Der Bruder sagte, seine Schwester hätte als Kind in den 1930er Jahren in diesem Haus gewohnt, in dem auch seine anderen Geschwister geboren wurden. Sie betraten die Wohnung. Der Mann fotografierte das Schlafzimmer und die alte Dame erinnerte sich, wo die Möbel der Eltern gestanden hatten. Der Bruder umriss die Familiengeschichte: Der Vater sei Beamter gewesen und nach Ostpreußen versetzt worden, die Familie musste am Ende des Krieges flüchten. Dann erzählte die alte Dame von ihrer Klavierlehrerin, die im gleichen Haus gewohnt hatte. Einmal habe sie, sie war noch ein kleines Mädchen, unten im Laden Maggi gekauft und im Treppenhaus davon genascht. Die Klavierlehrerin habe sie dabei erwischt und es den Eltern brühwarm erzählt.«

Heike wollte ja eigentlich von ihrer unheimlichen Mietwohnung berichten, erzählte aber dann zwei Geschichten, in denen alte Geschwisterpaare auftreten. Das eine Paar, zwei Schwestern, blind und schwerhörig, machen eine nicht ganz alltägliche Bemerkung, die sie zu Seherinnen werden lässt. Sie besichtigen eine Wohnung und scheinen etwas zu wissen, was sie nicht wissen können. Die Krankengeschichte der Vormieterin, ablesbar anhand der ausgeräumten Räume. Und noch mehr. Die Schwestern warnen, sie sagen, die Wohnung würde krank machen, sie wäre unbewohnbar, sie würde Krankheit ganz sicher an die nächsten Bewohner weitergeben. So jedenfalls sieht es Heike: *Die eine Frau blind, die andere Frau schwerhörig. Die Frauen besahen die Räume und sagten: Da kann niemand drin leben, man würde unweigerlich schrecklich krank werden.*

Dieses raumgreifende, totale Erzählen, mit Sprüngen innerhalb weniger Worte oder Sätze – in der Märchenforschung Flächenhaftigkeit des Erzählens genannt –, erinnert an die Kinder- und Hausmärchen der Brüder Grimm. In Heikes zweiter Geschichte vom überraschenden Besuch des alten Geschwisterpaares versetzt sich die alte Dame, eine ehemalige Bewohnerin der Göhrener Straße, sich erinnernd, in ihre Kinderperspektive: Sie hatte im Treppenhaus Maggi genascht und die Nachbarin, eine Klavierlehrerin, hatte sie dabei erwischt. Diese erzählte – also petzte – es *brühwarm* den Eltern, verriet also ihre eigene Schülerin, die nicht damit rechnete, auf der Treppe beim Naschen entdeckt zu werden.

Aber was tun mit diesen Hinweisen? Es dabei belassen? Das wäre unbefriedigend, denn die Geschichte versammelt viele märchenhafte Motive: Blutstropfen bei der Unterzeichnung eines Mietvertrags. Angst, beklemmende Gefühle. Ein Haus, das Geräusche und Bewegungen überträgt. Und ein plötzlich auftauchendes altes Geschwisterpaar, das Erinnerungen an ein anderes, weitaus unheimlicheres Geschwisterpaar aus Heikes Kindheit weckt. Auch gibt es einen ganz konkreten Hinweis auf eine Person: die Klavierlehrerin. Vor dem Beginn des Zweiten Weltkriegs lebte sie in diesem Haus. Und ihr Name war leicht zu finden: Hildebrand, Clara, Musiklehrerin. Denn im Internet sind die Berliner Adressbücher von 1799 bis 1943 veröffentlicht. Ihr Name ist in den Berliner Adressbüchern der 1930er Jahre und bis 1943 zu finden. Nach 1943 setzte die Veröffentlichung der Adressbücher kriegsbedingt aus. Was ist mit Clara Hildebrand geschehen? Ein Blick in die Berliner Deportationslisten, die ebenfalls im Netz zu finden sind, zeigt: Es wurden einige Berliner mit dem Familiennamen Hildebrand deportiert, aber eine Clara war nicht dabei. Claras Geschichte geht also anders, aber wie?

Die älteste Bewohnerin des Hauses ist eine 94-jährige Dame, die den schönen Vornamen Elma trägt. Sie wirkt am Telefon zunächst so jung, dass man meint, sich verwählt zu haben. Doch nach einigen Sätzen fällt Elmas Energie zusammen und die Stimme wird, was sie naturgemäß zu sein hat: alt und zittrig. Die alte Dame sagt, sie kenne keine Frau Hildebrand, und sie wohne erst seit 1971 im Haus und sie kenne auch sonst niemanden mehr. Sie beklagt sich über die ständig wechselnde Mieterschaft. »Die Leute ziehen ein und aus.« Nächster Versuch.

In der Göhrener Straße befindet sich auch das Büro der evangelischen Elias-Gemeinde. Im Gemeindebrief sind die Trauungen, Konfirmationen und Beerdigungen der Gemeinde aufgeführt. Das sehr hohe Alter vieler Verstorbener, einige sind hundert Jahre alt geworden, ließ einen

kurzen Moment lang hoffen, dass Clara Hildebrand vielleicht noch leben könnte. Die Vikarin der Elias-Gemeinde
verspricht, im Seniorenkreis zu fragen, ob sich jemand an
die Klavierlehrerin erinnert oder sogar Unterricht bei ihr
hatte. Nach einer Woche meldet die Vikarin, dass ihre Um-
frage unter den Senioren kein Ergebnis brachte. Schließlich
findet sich Clara Hildebrand in dem Totenbuch der Elias-
Gemeinde aus dem Jahr 1945. Frau Volz, die Gemeinde-
Schatzmeisterin, sucht es dankenswerterweise heraus.
Frau Volz wurde in den 1930er Jahren in der Göhrener
Straße geboren, wuchs dort auf und lebt immer noch im
Viertel. Von einer Klavierlehrerin Hildebrand hat sie nie
gehört, und das wundert sie doch. »Ich habe als Kind Kla-
vierunterricht gehabt, aber meine Klavierlehrerin wohnte
in der Danziger Straße.« In dem schwer zu haltenden Totenbuch steht in schwarzer, verschnörkelter Handschrift:
Klara Hildebrand (der erste Buchstabe des Vornamens
wurde also falsch eingetragen), 14.12.1945 gestorben. Todesursache Wassersucht. Das Geburtsdatum wurde nicht
notiert, dafür aber die genaue Lebensdauer: 84 Jahre, 4
Monate, 27 Tage. Also muss sie 1861 geboren sein, rechnet
Frau Volz vor. Dann klappt sie das Buch zu. Es ist ein Moment großer Ernüchterung. Das also soll das Ende der
Spur sein: Eine hochbetagte Frau starb im Dezember 1945.
Mehr brachte die Gespenstersuche nicht ans Licht? Eine
Frage noch: »Was ist Wassersucht?« Frau Volz schüttelt
leicht den Kopf. Vielleicht, weil ihr diese Frage dumm erscheint, aber vielleicht auch, weil sie auf diese Weise die
Gedanken stimuliert. Denn das machen einige der echten,
alten Berliner so. Als wären Köpfe Apfelbäume, die man
ein wenig schütteln muss.

»Wassersucht – das sagte man so. Die hatte Ödeme. Die

ist glatt verhungert. 1945 gab es hier nischt zu essen, und wenn sie alleinstehend war ...«

Diese Mitteilung nun hat es in sich. Etwa hundert Meter von Heikes verhasstem ehemaligem Wohnhaus entfernt kommt er, der große Schauer. Die Gänsehaut, als die Zeiten überspringende Botschaft aus dem Reich der Toten und Vergessenen. Die Botschaft lautet: HUNGER. Die Bilder sprechen eine deutliche Sprache: Das rotbraune »Leberwursthaus« von gegenüber – also der Blick auf etwas Essbares auf der anderen Seite. Unerreichbar, wenn man alt und krank ist. Wie auch der Tante-Emma-Laden unten, der zu Kriegsende keine Waren mehr hatte. Der Laden, in dem ein Kind einmal Maggi kaufte, heimlich davon naschte. Die Schmach, dass diese harmlose Verfehlung den Eltern von der Nachbarin gepetzt wurde. Die Petzerin, also die alte Klavierlehrerin, die schließlich verhungerte, in dem kaputten Winter von 1945. Dann schließlich Heike, die Neu-Berlinerin der Nullerjahre des 21. Jahrhunderts, die das Flüsterprogramm des Hauses nicht mehr ertragen konnte und auszog, bevor ihr Kind geboren wurde. Hunger also.

Nachdem Heike von meinem Recherche-Ergebnis erfuhr, schrieb sie:

»Ja, das ist wirklich eine traurige und merkwürdige Geschichte. Sie weckt seltsame Bilder, ich sehe kleine Gestalten die dunkle Treppe hoch- und runterlaufen und die Räume von oben aus der Vogelperspektive, als nähme man die Decke ab wie in einem Puppenhaus. Ich sehe die verschneite Göhrener Straße, wie schrecklich muss das gewesen sein in jenem Winter. Und die Beziehung zwischen Naschen und Verhungern ist tragisch. Vielleicht war sie eine böse Frau, die dem Kind die paar Maggitropfen nicht gönnen konnte, aber das macht es nicht weniger traurig. Da schließt sich der erzählerische Kreis und gleichzeitig denkt man an die vielen Erzählstränge, die sich in solch einem Haus noch auftun müssen.

Ich denke hierbei an die alte Frau, die unter uns wohnte, unter dem vorderen Teil unserer Wohnung. Ich hatte Dir von ihr erzählt, von der 94-Jährigen, die fast 40 Jahre schon dort wohnte und so selten zu sehen und gar nicht zu hören war, dass ich in regelmäßigen Abständen von oben auf ihren Balkon guckte, um zu schauen, ob ihre roten Geranien noch gesund aussahen. Ich habe mich immer wieder gefragt, wie sie sich versorgt, ganz selten nur sah ich sie mit ihrem kleinen Einkaufswägelchen auf der Straße.

Vielleicht gibt es poröse und weniger poröse Gebäude, aber diesem Haus traue ich eine extrem saugfähige Struktur zu, weil es so eine offene, durchlässige Oberfläche hat, weil es Geräusche macht und weil der Fugenkitt, der mir beim Staubsaugen entgegenkam, wahrscheinlich aus den 20er oder 30er Jahren stammt.«

Geht man jetzt durch die Göhrener Straße, kann man kein Leberwursthaus mehr erkennen, es ist noch da, aber es hat frische Farbe bekommen.

Die weiße Katze

Sie hatte schon zwei Katzen, eine schwarze und eine graue, bis dann der Kater zu ihr kam, der ganz und gar weiß war, ohne einen Tupfer Farbe, ohne eine einzige Zeichnung des Fells. Die schwedische Künstlerin Annika Eriksson lebt seit einigen Jahren in Berlin. Hier hatte sie mit ihren Katzen und Kindern eine Geisterwahrnehmung, wie sie es nannte. Davon soll diese Geschichte handeln. Vorher aber müssen wir mehr über die weiße Katze erfahren, denn sie hatte besondere Fähigkeiten. Aus Gründen, die Annika Eriksson nicht ahnen konnte.

Als sie dem Kater zum ersten Mal begegnete, wohnte Annika noch in Stockholm. Sie war auf dem Weg zum Fitnessstudio. Da bemerkte sie, dass ihr ein junger weißer Kater folgte und fortwährend maunzte. Sie kehrte wieder um, weil sie zuhause etwas vergessen hatte, und der Kater kam mit. Offensichtlich war seine Pfote verletzt. Sie hatte Mitleid und ließ ihn in die Wohnung. Sie rief im Tierheim an, vielleicht wurde er schon vermisst. Es blieb eine Weile in der Schwebe. Annika überlegte – sollte sie wirklich drei Katzen halten? Das Tierheim jedenfalls meldete sich nie zurück. Nach drei Wochen wollte der Kater es wissen, er schaute Annika unverwandt an, neigte den Kopf und riss die Augen weit auf. »Okay!«, sagte sie. »Okay, du kannst bleiben.« So war es entschieden.

Auffällig war, dass der Kater immer im Haus blieb, nicht in den Garten hinausgehen mochte. Weder in Schweden noch später in Berlin. Selbst wenn die Familie mit allen

drei Katzen ins Landhaus fuhr, der weiße Kater blieb drin.
Die schwarze und die graue Katze genossen das ländliche
Revier, jagten, kletterten, lagen auf der Wiese und sonnten
sich. »Er hatte etwas Majestätisches«, sagt Annika. »Jetzt
lebt ein Prinz bei uns, sagten meine Kinder immer, er ist
anders als die anderen Katzen. Er kommt von einem Königshof, da ist er weggelaufen.« Er ist ein Prinz, ein Prinz
aus Schweden. Deshalb nannten sie ihn Prinsis. Einmal
war Prinsis unvermittelt vom Balkon gefallen, ein tiefer
Fall, er hatte Prellungen. Vielleicht mochte er deshalb nicht
mehr raus? Als er einmal doch verschwand, hängte Annika Suchplakate auf. Eine sehr bekannte schwedische Auto-
rin meldete sich, sie sagte, der Kater sitze den ganzen Tag
an ihrem Fenster, als warte er auf jemanden. Annika war
erleichtert. Jetzt weint sie nicht mehr, wenn sie an ihn
denkt, den Kater, der nun tot ist. Er starb vor einem Jahr in
ihrer Wohnung in Berlin Mitte. In einem schiefen, von
quietschend-holzigen Geräuschen durchzogenen Mietshaus aus dem Jahr 1755, an dem abzulesen ist, dass Hand-
werk und Wohnen hier einmal zusammengehörten. Mit-
lerweile steht das Haus unter Denkmalschutz, inmitten einer aufgeräumten Gegend nah am Hacke'schen Markt, die
vor allem fürs Shoppen und Lunchen prächtig taugt. Vor
dem Haus sind messinggoldene Stolpersteine in den Straßenbelag eingelassen, sie erinnern an das Ehepaar und ihre beiden kleinen Töchter, die auch einmal in diesem Haus
lebten und die man unwiederbringlich wegschaffte, nach
Auschwitz und Buchenwald, um sie zu töten.

Annikas Wohnung ist mit Designklassikern, farbigen Lampen und vielen Vasen und Büchern eingerichtet. Auf den
Sitzen halten sich gefaltete Wolldecken bereit. Es ist kühl,

es ist eine Wohnung für heißen Tee, auch im Sommer. »Meine Mutter starb sechs Monate nach Prinsis. Aber ich vermisse ihn. Ja, ihn vermisse ich viel mehr.« Sie weint, als sie diesen Gedanken formuliert. Bevor Prinsis starb, war Annika oft weg. Das Tier war müde und schwach. Als Annika sich eines Nachmittags ins Bett legte, kam der Kater dazu, legte sich auf Annikas linke Schulter und Gesichtshälfte. Das war ungewöhnlich, normalerweise legte er sich an ihre rechte Seite. Er nahm seine Tatze und kniff sie sanft in die Backe. Das hatte er vorher noch nie getan, seine Tatze benutzt, fast wie die Finger einer Hand. Er schaute Annika an, fixierte sie mit leicht zusammengekniffenen Augen und sagte Ade. Ich mag dich. Ein leises Geräusch, der Gaumen blau. Er hatte zwölf Jahre mit ihr gehabt. Er war nicht kastriert. Er ging nie aus dem Haus. Er blieb immer an seinen Menschen dran, wich ihnen nicht von der Seite. Und als er starb, verabschiedete er sich.

Jetzt wissen wir, wie Prinsis zu Annika kam, haben eine Idee davon, wie sie zusammen lebten und wie er starb. Nun aber zu den Berliner Gespenstern.

Annika bekam vor einigen Jahren vom Deutschen Akademischen Austauschdienst (DAAD) das Angebot, eine große Wohnung in der Innsbrucker Straße im Stadtteil Schöneberg zu nutzen. Der DAAD verfügt über zwanzig Wohnungen und einige Ateliers und Studios in Berlin, in denen die Stipendiaten wohnen können. Die Immobilien befinden sich alle im Westteil der Stadt, zum Leidwesen vieler Künstler, die es in den Osten drängt. Tracey Emin beispielsweise wohnte vor ein paar Jahren in einer Wohnung im Storkwinkel im Grunewald, sie selbst war gar nicht Stipendiatin, sondern ihr damaliger Freund Mat Collishaw, deshalb ist sie da mit eingezogen. Keine Topadresse, keine High Society in der Nachbarschaft, wie sie schnell herausfand, weshalb sich die prominente Künstlerin beim verantwortlichen Leiter des Künstlerprogramms, Herrn Meschede, beschwerte. In der Wohnung seien Geister, da könne sie nicht bleiben, da spuke es. Es war nicht das erste Mal, dass Bewohner des Storkwinkel Herrn Meschede von geisterhaften Vorkommnissen berichteten. Aber Tracey Emin musste bleiben. Mittlerweile will der DAAD Gästewohnungen mit und ohne Geister auch im Osten der Stadt anbieten.

Die DAAD-Wohnungen sind alle recht groß – manche Gäste bringen ihre Familien mit und nutzen den Platz – und sie sehen nach gehobener Bürgerlichkeit aus, sind weiß gestrichen und überwiegend mit Ikea-Möbeln eingerichtet. Einige alte, aufgearbeitete Bauern- oder Stilmöbel haben die dankbare Aufgabe, gegen den unverbindlichen Ikea-Stil anzucharmieren. Der Wohnungsbetreuer Herr Bremer sagt, er würde gerne mehr Antiquitäten aufstellen, aber weil Antiquitätenhändler keine vernünftigen Rechnungen ausstellten, könne er das nicht machen.

Freundlicherweise öffnet Herr Bremer mir Annikas ehemalige Künstlerwohnung in der Innsbrucker Straße, als er sie gerade für den nächsten Bewohner herrichtet, einen britischen Künstler mit Hund, der Phil Collins heißt, bei dem es sich natürlich nicht um den gleichnamigen Popsänger handelt. Herr Bremer wechselt Glühbirnen aus und bringt für Phil Collins neue Badezimmerhaken an, währenddessen darf ich mich umsehen. Die Probleme des Steuerstandortes allerdings kann man nicht dafür verantwortlich machen, dass keine Bilder an den alpinweißen

Wänden hängen. »Die meisten bildenden Künstler hätten ein Problem damit, wenn wir Bilder aufhängen würden«, sagt Herr Bremer. Hundertsechzig Quadratmeter, sehr hell, vier große Zimmer. Ein herrlicher Altbau, vernünftig saniert, was will man mehr? Hier will der Kater Prinsis etwas erlebt haben, was Annika als Geisterwahrnehmung bezeichnete. »Sie testen dich«, so hatte Annika das genannt. »Die Schatten testen dich. Oder was immer da existieren mag.« Sie hatte schon ein ungutes Gefühl, als sie zum ersten Mal die Treppen in den vierten Stock hinaufging. Im dritten Stock wurde es beklemmend, und als sie schließlich in der Wohnung stand, steigerte sich dieses Gefühl zu der Wahrnehmung, dass jemand ihr einen deutlichen Schubs gab. Der Kater machte ein paar vorsichtige Schritte in die Wohnung hinein, dann drehte er durch. Aufgerissene Augen, langsames Zurückweichen und den Blick auf etwas fixiert – nicht ersichtlich, was es sein konnte. Das passierte in den folgenden Wochen oft. Und das kannte Annika nicht an ihm. Aber in dieser Wohnung reagierte Prinsis regelmäßig mit terrorisiertem Verhalten: Katzenbuckel, fauchen, starren, zurückweichen. Obwohl nichts zu sehen oder zu hören war, vor dem er hätte zurückweichen können. Nach etwa fünf Wochen legte sich der Spuk. Als Annikas Tochter einige Monate später aus Schweden eintraf, fing es wieder an. Das Mädchen hatte das Gefühl, jemand schubse sie in die Wohnung hinein, und die erschrockenen körperlichen Reaktionen des Katers begannen von Neuem – starren, fauchen, zurückweichen. Auch diesmal blieb es eine Phase, die nach sechs Wochen aufhörte. »Dann akzeptierte es uns«, sagt Annika. »Es hat vielleicht etwas mit Zeit zu tun. Es sind Echos aus vergangenen Zeiten.«

In dem Haus gibt es nur diese eine Künstlerwohnung. Alle anderen sind Eigentumswohnungen, die einer jüdischen Erbengemeinschaft abgekauft wurden. Die Stimmung, die sie in diesem Haus befällt, hat, meint Annika, mit dreierlei Dingen zu tun:

1. Die Reaktionen des Katers Prinsis wie beschrieben.
2. Die Unfreundlichkeit einiger Nachbarn.
3. Die Tafel mit den Namen der ermordeten Bewohner über dem Fahrstuhl.

Annika regt sich heute noch auf, wenn sie an gewisse Nachbarn denkt. »Man hat uns beschuldigt, Kakerlaken ins Haus zu bringen. Einige Nachbarn kamen mit irgendwelchen Ausreden in die Wohnung, nur um ihre Neugier zu befriedigen! Weil meine Tochter einen arabisch anklingenden Namen trägt, wurde ich von einer Nachbarin ständig gelöchert. Warum heißt sie denn so, warum heißt sie Fatima?«

Über dem Fahrstuhl hängt eine Tafel mit den Namen der aktuellen Bewohner, das hat man in Berliner Mietshäusern oft. Und gleich daneben – so auffällig wie ungewöhnlich – eine gerahmte und verglaste Tafel mit den Namen und Geburtsjahren ehemaliger jüdischer Hausbewohner. Dazu die Daten ihrer Verschleppung und Ermordung. Sonst steht da nichts. Die Daten sagen, dass es überwiegend ältere Hausbewohner waren, die im Jahr 1942 von Berlin aus an den Ort ihrer Ermordung verschleppt wurden. Keiner dieser Menschen überlebte den Holocaust. Das Ehepaar *Fürth*, er war schon 79 und sie 71 Jahre alt, als man sie nach Theresienstadt deportierte. Das Ehepaar *Schimmeck*, sie war 70 und er 74 Jahre alt, als sie zusammen mit den Fürths nach Theresienstadt kamen. Rosa Schimmecks Martyrium ging von dort aus weiter, sie wurde im Vernichtungslager Treblinka umgebracht. Das Ehepaar *Schäfer*, er hatte einen Doktortitel und war 81 Jahre alt, seine Frau Charlotte 77 Jahre alt, als sie mit den Fürths und den Schimmecks an jenem 17. August 1942 deportiert wurden. Die Nachbarin Frau Lily *Orgler* allerdings traf es 1942 als Erste, man verschleppte sie bereits im Januar, und sie starb im Ghetto von Riga mit 55 Jahren. Genauso wenig überlebte das Ehepaar *Wolff*, Max und Adele, 64 und 71 Jahre alt, die am 21. September 1942 nach Theresienstadt kamen. Gleich neben dem Fahrstuhl mit der Namenstafel liegt der Eingang einer Arztpraxis. So kommt es, dass vor allem Patienten diese Tafel lesen. Aber auch Handwerker und sonstige Besucher bleiben manchmal davor stehen und lesen. Herr Schulz, der Bewohner, der die Tafel angebracht hat, erzählt, dass er sie vor etwa fünfundzwanzig Jahren zusammen mit anderen Wohnungseigentümern initiierte. Es gab eine kleine Gruppe im Haus, Progressive, die Bettlaken aus den Fenstern hängten, wenn politisch was anlag. Gegen Atomkraft beispielsweise. Er sagt, es gab mal eine Ausstellung über die Juden im Bayrischen Viertel, die hat er sich angesehen. Die »jüdische Schweiz« wurde die Gegend auch genannt, denn viele wohl situierte Juden lebten hier. Durch die Ausstellung erfuhr er dann auch die Namen der jüdischen Bewohner und dass sie ermordet wurden. Das gab den Ausschlag für die Tafel. Im Ausstellungskatalog las er, dass es Hausbesitzern schon ab 1939 erlaubt war, Juden fristlos die Wohnung zu kündigen. Die Juden kamen dann in so genannte Judenhäuser und wurden von dort aus deportiert. Doch erst mal halt und danke, lieber Herr Schulz. Eine andere Frage sollte erst geklärt werden:

Was ist da passiert, warum reden wir plötzlich über Katzen, Geister und Juden? Die Geschichte begann doch mit einem weißen Kater und seinem leicht merkwürdigen Verhalten in einer Berliner Altbauwohnung. Und jetzt sollen die Geister von jüdischen alten Herrschaften adlige weiße Kater aus Schweden mitsamt ihren Frauchen erschrecken? Und in Nebenrollen feiste Nachbarn auftreten, die dem Bild des bespitzelnden Deutschen entsprechen und den vielen internationalen Gästen aus Kunst und Wissenschaft Ungezieferbefall unterstellen? Während einige liberale Nachbarn sich mit den Fremden solidarisieren? Ein äußerst problematisches Gemisch, ein ganz heißer Scheiß, ein Paradebeispiel für die zum Greifen nahe Möglichkeit, Geisterkitsch und Holocausttragik miteinander zu verrühren.

Vielleicht wäre es das Beste, wenn ich die Katzen-Juden-Geschichte unter den Teppich kehre und auf eine andere, einfachere Geschichte warte. Ich nehme auch eine mit einem übersinnlich begabten Kater, kein Problem. In den vielen Katzen-Foren des Internets kann man einige »Meine-Katze-sieht-Gespenster«-Geschichten lesen, ganz im Muster von Annikas Erzählungen über Prinsis, und vielleicht ist ja auch wirklich was dran. Aber bitte keine verfolgten und getöteten Juden, die in ihren ehemaligen Wohnhäusern spuken. Ob aber Geister so feinfühlig sind und sich daran halten? Natürlich nicht, ihre Natur ist das Unplanmäßige. Der Spuk stört die Ruhe-in-Frieden-Beziehung zwischen den Lebenden und den Toten.

»Ruhe in Frieden« ist ein Gebot, das sich in Selbstlosigkeit tarnt und Verhaltensregeln entwickelt, es sogar mit der kulturell wirksamen Waffe des Tabus ausstattet. Man

soll den Friedhof nachts nicht betreten. Man soll keine Gräber öffnen. Man soll auf dem Friedhof nicht laut Musik hören, Fahrrad fahren oder auf Gräbern picknicken oder ko-
pulieren. Man soll Leichen nicht im Haus belassen. Natürlich soll man das alles nicht, und das ist gut und vernünftig.
Aber diese Tabus werden durch das Phänomen des Spu-
kens und Gespenstischen untergraben. Um beim Toten-
gräberlatein zu bleiben – in den klassischen Gespenstergeschichten geht es doch genau so zu: Die Gräber öffnen
sich, die Knochen klappern, ein Gejaule und Geheule er-
tönt über den Friedhof, die Dunkelheit der Nacht wird
durch den Vollmond aufgehoben, die Gespenster treten
ins Haus, sie gehen durch Wände, sie befreien sich von den
Ketten der Naturgesetzgebung (deshalb rasseln sie ja auch
so triumphal, sie sind dem Kerker entflohen) und sie legen
sich zu dir ins Bett und fassen dich an. Das alles tun Gespenster wirklich. Diese Handlungen sind feste Bestand-
teile unserer kulturellen Vorstellungswelt, die wir in der
Literatur ausleben.

Was aber tun Gespenster, die keine Gräber haben?
Was tun die Gespenster des Holocaust? Kehren sie in ihre Wohnungen zurück, aus denen sie verjagt wurden? Es
scheint so zu sein, werden doch die Wohnhäuser der Holo-
caustopfer durch die inzwischen angebrachten Gedenk-
tafeln und Stolpersteine zu einer Art Grabstelle. Die Menschen heute machen sich auf die Suche nach diesen Geistern und versuchen, ihnen mit einem Stein einen Anker zu
geben. Sie erweisen ihnen ihre Anerkennung, indem sie
sagen: Sie lebten vormals hier, Sie haben hier gelitten, Sie
sind weit entfernt gestorben, aber heute denken wir an Sie,
es tut uns um Ihretwegen leid. So hätte es nicht kommen
dürfen.

Auf Friedhöfen steht immer irgendwo der Satz: Der Tod ist groß. In Berlin müsste es heißen: Der Holocaust ist groß. In Treppenhäusern, vor Wohnhäusern, auf Straßenbelag sind Steine und Tafeln die festgezurrten Haltepunkte, die ein wenig verbinden zwischen gestern und heute. Die Schatten testen dich, hatte Annika gesagt.

Vielleicht haben Sie es schon bemerkt, ich versuche von der eigentlichen Frage abzulenken, wenigstens für einen kleinen Moment. Die Frage ist, wie es nun eigentlich weitergeht mit der Geschichte von Prinsis und dem Haus in der Innsbrucker Straße. Als Geisterjägerin sage ich, mehr Indizien müssen her, bis entschieden ist, was von der Sache zu halten ist und ob eine Verknüpfung von Katergejaule und ehemaligen jüdischen Hausbewohnern überhaupt nötig ist. Was nun diesen schwedischen Prinzen angeht, kann man seine Herkunft – war er überhaupt adlig? – ein bisschen genauer unter die Lupe nehmen. Merkwürdig war, dass der Kater Prinsis, zumal er nicht kastriert war, darauf verzichtete, in der Natur herumzustreifen, in den Garten hinauszugehen, das Haus einfach einmal zu verlassen. Die von den Kindern erdachte Legende vom verfolgten Königssohn ist zauberhaft. Die Wissenschaft dagegen bietet eine viel traurigere Erklärung für dieses besondere Verhalten an: Ganz weiße Katzen besitzen eine genetische Disposition, sie werden häufig mit Gleichgewichtsstörungen, Taubheit und Sehschwierigkeiten – bis hin zur Blindheit – geboren. Prinsis war offensichtlich von diesem Gendefekt betroffen. Was Annika nicht wusste.

Kleiner Exkurs über das Weiß-Gen

Weiße Katzen sind keine Albinos, bei ihnen ist lediglich das Weiß-Gen dominant, es werden keine Farbträger gebildet. Weiß ist keine Farbe, sondern Ausdruck eines Gens, das maskiert oder überdeckt. Man kann es sich wie einen Mantel vorstellen, der sich über die eigentliche Farbe legt und sie unwirksam macht. Normalerweise verbreiten sich während der Embryonalphase die Farbträger der Katze, die für die Produktion von Pigment zuständig sind, über den Körper. Doch durch das Weiß-Gen wird dieser Vorgang, der *Migration* genannt wird, gestört. Gibt es im Erbgut der Katze noch ein weiteres Weiß-Gen, wird die Migration in der Iris gravierend gestört. Häufig besitzen rein weiße, blauäugige Katzen auch kein Tapetum Lucidum, ein Organ, das eine stark reflektierende Schicht im Auge bildet. Ist es nicht vorhanden, erkennt man es meist an einer weit geöffneten Pupille. Ist dies der Fall, werden sogar die Farbträger in den Haarzellen im Innenohr unterdrückt, und dies führt zu Schwerhörigkeit oder sogar Taubheit. Der Zusammenhang der Gehörlosigkeit mit der Menge des Pigments im Auge scheint bewiesen: Auge und Ohr liegen nah beieinander, der Hörgang wird durch den gleichen Auslöser negativ beeinflusst. Ebenfalls ist das Gleichgewichtsorgan betroffen. Das heißt, das Risiko der Taubheit steigt, je mehr Weiß genetisch vorhanden ist. Katzen sind bei der Jagd auf ihr Gehör angewiesen und in der Regel mit einem ausgeprägten Hörvermögen ausgestattet, nur Delphine und Pferde nehmen mehr Töne wahr. Das Gehör ist der Katze bei der Jagd eine immense Hilfe. Sie kann mit ihrem Gehör einzelne Töne selektieren, selbst im

Ultraschallbereich, und diese verstärkt wahrnehmen. So kann die Beute genau geortet werden. Eine taube Katze hat in freier Wildbahn also keine Überlebenschance. Auch für eine Hauskatze führt Taubheit zu einer starken Beeinträchtigung. Viele deutsche Katzenzuchtvereine verbieten deshalb ihren Züchtern, rein weiße Katzen miteinander zu paaren. Generell haben alle weißen Katzen einen Defekt, der sich unterschiedlich äußert. Die Zucht von Nachkommen rein weißer Katzen – in der Verpaarung mit farbigen Katzen – ist auch nur dann erlaubt, wenn das Tier durch einen audiometrischen Test seine Hörfähigkeit nachgewiesen hat.

Monster, Mumien, Mutationen

Prinsis war also ein behinderter Kater, der sich entsprechend vorsichtig benahm, die Nähe zu Menschen suchte und die Natur und alles Unbekannte mied. Aber disqualifiziert ihn das für das Wahrnehmen möglicher Gespenster? Nach allem, was man über Gespenster weiß, muss man sagen: ganz im Gegenteil. Der Gendefekt allein ist schon extravagant. In der Horrorliteratur spielen seltene Erbfehler, Mutationen oder merkwürdige angeborene Fähigkeiten bei »Missgeburten« schon immer eine große Rolle. So beispielsweise in der Geschichte *Minority Report* des Schriftstellers Philip K. Dick von 1956, die von Steven Spielberg verfilmt wurde. Hier sind es so genannte Precogs, die mit schweren Gehirnveränderungen geboren wurden, da ihre Mütter neuartige und verunreinigte Drogen eingenommen hatten. Precogs besitzen die Fähigkeit, Morde vorauszusehen, und stehen in Dicks Geschichte im

Mittelpunkt einer präventiv arbeitenden staatlichen Justiz und Polizei.

In dem Roman *Die Frau des Zeitreisenden* von Audrey Niffenegger geht es um die Auswirkungen des Chrono-Gen-Defektes auf einen ansonsten ganz normalen Mann. Durch dieses mutierte Gen wird dieser Mann seit seiner Kindheit immer wieder unfreiwillig auf eine Reise auf der Zeitachse geschickt. Er reist sogar über seine eigene Lebenszeit hinaus – in eine Zukunft, in der seine Frau schon sehr alt und er längst tot ist, was in dem Roman sehr berührend beschrieben wird.

Fälle von sensueller Neubelegung werden auch von der Neurologie mit Interesse begleitet und dokumentiert. Der Neurologe und Schriftsteller Oliver Sacks beispielsweise beschreibt in seinen populären Fallstudien Patienten, deren Wahrnehmungsfähigkeiten sich durch Verletzungen, Tumore oder sonstige Ereignisse veränderten: »Eine winzige Hirnverletzung, ein kleiner Tumult in der cerebralen Chemie – und wir geraten in eine andere Welt.« Die Antwort auf die interessante Frage, ob ein Patient aufgrund einer neurologischen Veränderung plötzlich mit Toten bzw. Geistern Umgang haben kann, finden wir bei Sacks allerdings nicht. Man muss also weiterhin Material aus der erzählenden Literatur heranziehen, wo sich die Tradition des Aberglaubens mit künstlerischer Phantasie an historischen Orten paart. Auch die Farbe Weiß ist in der Gruselliteratur von jeher mit hellseherischer Fähigkeit verbunden, etwa in den vielen Gespenstergeschichten um adelige »weiße Frauen«, die ihren Nachkommen erscheinen, Warnungen aussprechen, »von Unheil künden« oder auf einen Mörder innerhalb der Familie aufmerksam machen. Und auch »der blinde Seher« ist seit der griechischen Tragödie

– mit der Figur des blinden Teiresias aus Sophokles' *König Ödipus* – ein fester Bestandteil der Literatur.

Deshalb wollte ich es glauben. Die weiße Katze war ein Prinz, er war zwar behindert, hatte aber sensuelle Fähigkeiten der dritten Art und konnte daher Dinge bemerken, die wir Spuk nennen müssen. Wer in der Innsbrucker Straße spukt, bleibt ungeklärt. Vielleicht ein greiser Jude, vielleicht auch nicht. Die Legende der weißen Katze will ich glauben, selbst wenn der aktuelle Bewohner der Künstlerwohnung, der britische Künstler Phil Collins, während seines Aufenthaltes keine Geister bemerkt hat. Auch sein Hund bellte nachts nicht oder wich vor unsichtbaren Gefahren zurück. So genannte *Voice Transmission Recordings*, bei denen man Geisterstimmen und unheimliche Botschaften unter Alkoholeinfluss und mit viel Phantasie garantiert nachweisen könnte, wollte der ansonsten überaus höfliche Brite leider nicht bei sich stattfinden lassen, dabei sollten Gespenster und Gespensterjagden für Briten nichts Ungewöhnliches sein. Es half alles nichts, das Haus sprach nicht zu mir. Das übernahm dann die Straße. Wenige Schritte vom Gespensterhaus entfernt informiert ein Schild darüber, dass an dieser Stelle einst das Geburtshaus des weltbekannten Fotografen Helmut Newton stand, der als Helmut Neustaedter 1920 in Berlin geboren wurde. Vor den Nazis auf der Flucht, verließ er am 5. Dezember 1938 ohne seine Eltern die Stadt. In seiner Autobiografie schrieb Helmut Newton ausführlich über die Berliner Zeit, über seine Anfänge als Fotograf, seine Mädchen, seinen Sport und die beginnende Verfolgung und die große Angst, die ihn doch nicht ganz lähmen konnte. Er schreibt mitreißend, ein alter Mann, dem die Gefühle, Worte und Affekte eines jungen Menschen nicht abhandengekommen waren. Wie erotisch er den Geruch von Nivea Creme immer fand. Wo Newton über seine Mutter schreibt, die er furchtbar verehrte, ist plötzlich der Gedanke an die weiße Katze wieder da. Und mit ihm der ganze Königshof aller geliebten Jungen dieser Welt, die in die weite Welt ziehen mussten, um auf die Liebe fremder Leute zu hoffen:

»Meine Mutter erzählte mir immer, ich sei ein Findelkind und gar nicht ihr richtiges Kind. Sie hätte mich auf der Hintertreppe gefunden, eingewickelt in ein Tuch, das mit einer Krone und den Initialen irgendwelcher Adeliger bestickt gewesen sei. Ich glaube, es war eine Krone mit sieben Zacken.«

Das Haus in der Innsbrucker Straße ist ein Geisterhaus, ein fein saniertes, gutbürgerliches, freundliches, spinnwebenfreies Geisterhaus. Es ist ein Haus wie viele andere.

Das Gespenst, das sich fürchtet

In Berlin lebt ein Gespenst, das nachts umgeht, Autos anzündet und Schlagzeilen macht: »Die Gespenstische Brandserie. Schon 101 Anschläge auf Autos. Bei der Fahndung geraten die Ermittler an ihre Grenzen.« (*Tagesspiegel*, November 2007) – »2922 Tage, 359 in Brand gesteckte Autos, 1 Bekennerschreiben. 19 Festnahmen« (*BZ*, Januar 2009).

Das Revier des Gespenstes liegt hier: Fehrbelliner Straße, Choriner Straße, Zionskirchstraße, Schwedter Straße, Anklamer Straße, alle in Mitte bis zur Grenze Prenzlauer Berg. Meist sind es dicke Autos wie Daimler Chrysler, Porsche, Mercedes, die in Flammen aufgehen, aber nicht nur. Schnell mal angezündet. In der Zeitung steht, mit einem Grillanzünder, unters Auto gelegt. Richtig fies. Dass das Gespenst sich überhaupt mit mir unterhalten wollte, verblüffte mich. Vermutlich Eitelkeit. Es würde ja niemals gefasst werden können. Keine Kameras, keine Zeugenaussagen könnten es festnageln. Es war der Schrecken der Straße. Eines der vielen Berliner Gespenster war also Mitglied einer Gruppe, die in Berlin Autos anzündet. Aber erzählen Sie das mal Polizei und Staatsschutz, die glauben das natürlich nicht.

Es war ein warmer Frühsommerabend, und irgendwo in Mitte wollte das Gespenst ein Bier trinken. Doch das Bergstüb'l, das gerade vom Veteranenweg in die Invalidenstraße umgezogen war, gefiel ihm nicht. Es verstand zwar, was dafür sprach, wollte sich *dem* aber nicht aussetzen. Nach ein paar weiteren Versuchen landeten wir schließlich beim Mexikaner »Viva Mexico!« in der Chaus-seestraße. Dort standen Bierbänke auf der Straße, man schaute auf die gegenüberliegende Total-Tankstelle und nahm mit einer gewissen Bereitschaft die Brachen-Roman-tik und die im Frühsommer üblichen Abendreize auf. Denn dieser Teil der Straße war rau, von Baustellen, Ge-werbehöfen und Wartezuständen geprägt. Der Bundes-nachrichtendienst würde mit seinem neuen Standort ge-genüber, auf dem umzäunten, Tag und Nacht bewachten, riesigen Gelände, eines Tages alles verändern. Die Total-Tankstelle gibt es jetzt schon nicht mehr, sie steht jetzt 300 m weiter nördlich, und wird sich kaum im Gedächtnis derjenigen Anwohner halten, die in der Flüchtigkeit der gegenwärtigen Berliner Ära längst heimisch geworden sind. Bald würde auch dieses mexikanische Lokal nicht mehr sein. Oder könnte es doch widerstehen? Die FDP-Ortsgruppe Mitte, mit der man sich den dicht belegten Biertisch teilte, hing in ihrer Diskussion weniger schwer-mütigen Gedanken nach, ging es doch so laut wie optimis-tisch um die eigene Nachwuchsarbeit. Das Gespenst, das sich linksalternativ kostümiert hatte, störte das akustisch enge Nebeneinander mit den Liberalen nicht.

Wir stießen mit Glaskrügen an und aßen Taco-Chips mit dreierlei Saucen. Jetzt begann das Gespenst von seinem unheimlichen Berlin zu reden und seine tief sitzende Furcht zu beschreiben. Es bestand übrigens darauf, geduzt zu werden. Den falschen Eindruck von Kumpanei soll dies dennoch nicht erzeugen.

Interview mit einem Gespenst

Gespenst: G
Gespensterreporterin: GRin

GRin Bist du Ossi oder Wessi?

G   Ich bin von trauriger Gestalt.

GRin Aber du bist Fußgänger, oder fährst du etwa Auto?

G   Ich fahre Fahrrad.

GRin Und bist du wirklich politisch motiviert, wie die Polizei vermutet, oder langweilst du dich nur?

G   Wenn ich durch Berlin wabere, dann werde ich traurig. Wie schnell sich alles verändert, wie alles wegbricht. Das belastet mich. Besonders in Mitte.

GRin Ich gehe normalerweise mit ganz anderen Sorgen durch die Stadt. Ich setze mir keine Stadtentwicklungsbrille auf und leide nicht am veränderten Stadtbild. Ich denke eher: Bin ich schon wieder erkältet? Was koche ich heute Abend? Auf welche Schule sollen die Kinder? Verdiene ich genug? Bin ich etwa gerade in Hundescheiße getreten?

G   Du hast ja auch ein Leben – ich nicht. Aber denkst du nie darüber nach, ob du dir die Miete noch länger leisten kannst, ob du eines Tages wegziehen musst?

GRin Doch, das denke ich auch manchmal. Aber ich mach mich deshalb nicht verrückt. – Du hast mir erzählt, dass du Angst hast. Das fand ich interessant, man würde ja denken, dass jemand, der Angst verbreitet, zumal wenn es sich um ein Gespenst handelt, selbst keine Angst hat.

G   Das ist so falsch, unglaublich falsch. Angst ist alles.

Angst ist der Ursprung. Ohne Angst gäbe es mich nicht.

GRin Das ist sehr abstrakt für die Leser. Am besten fangen wir gleich damit an, das konkret zu machen. Womit willst du anfangen? Mit den unheimlichen Orten?

G Es gibt Orte, wo ich nicht mehr sein mag, die meide ich, weil schreckliche Dinge dort geschehen sind.

GRin Welche Orte?

G Den Nordbahnhof. Den Bahnhof Friedrichstraße. Den Tümpel am Weinbergsweg, da ist jemand sturzbetrunken reingefallen und ertrunken. Das sind Orte, wo die Toten nicht zur Ruhe kommen. Die meide ich.

GRin Und gibt es auch Straßen, durch die du nicht gerne gehst, oder gar Mietshäuser, die du nicht betreten magst?

G Ich bin sehr traurig und emotional berührt, wenn ich durch bestimmte Straßen gehe oder alte Häuser betrachte. Da gibt es Wohnungen, wo Leute Ewigkeiten drin gewohnt haben. Aber die sind gestorben, und die neuen Mieter wechseln jetzt immer schneller. Es gibt immer rationale Argumente wie Studienortwechsel, Mieterhöhung, Familiengründung. Aber der Effekt ist grausam, es kehrt keine Ruhe mehr ein. Diese Ruhelosigkeit. Das merkt man den Häusern an.

GRin Macht dich das wütend? Zündest du deshalb Autos an?

G Nein, so einfach ist das nicht. Du verstehst mich nicht. Es hat keinen Zweck.

GRin Aber du wolltest doch die schreckliche Geschichte über den Nordbahnhof erzählen!

G   Ist es nicht eigenartig, dass Hinrichtungen und an-
geordnete Folterungen, die fast zweihundert Jahre
zurückliegen – also strafrechtliche Maßnahmen wie
Ertränken oder Vierteilen oder Schwurfingerabhau-
en – dass diese Sitten einer vergangenen Zeit bis
heute Schrecken auslösen?

GRin Was hat das mit dem Nordbahnhof zu tun?

G   Da stand der Galgenberg, auf dem Gelände des heutigen Nordbahnhofs. Ich meine ihn heute noch da zu
sehen. Ja wirklich, dort auf einer Erhöhung thronte
der Galgen, fast einhundert Jahre lang.

GRin Warst du damals dabei?

G   Nein, so alt bin ich nicht. Ich habe das alles erst später erfahren.

Das begann auf den Technopartys in der Raumerweiterungshalle, Ende der 1990er Jahre, die stand
auf einer Brache neben dem Nordbahnhof. Da habe
ich das gewittert.

Die Raumerweiterungshalle hat lange schon einen neuen
Ort, ist weiter nach Neukölln gezogen. Dieses Wort:
Raumerweiterungshalle. Eine DDR-Vokabel für ein DDR-
Haus. Gemeint ist ein transportables Leichtbaugebäude
aus Aluminium oder Stahlblech aus DDR-Produktion. Alle
Raumteile ein- und ausfahrbar, wie eine Ziehharmonika
oder ein Teleskop. 3400 Stück wurden in der DDR zwischen 1960 und 1989 gebaut. Sie wurden sehr unterschiedlich genutzt, als Dauerprovisorium für Ämter, Eisdielen,
Schulen, Raststätten oder Kinos. In Zeiten von Raumnot
und Baumaterialmangel waren das dankbare Lösungen.
Aber schon bald nach der Wende verschwanden Raumer-
weiterungshallen aus dem ostdeutschen Stadtbild und nur

wenige wurden »gerettet«. Von jungen Leuten, die sich für Architektur interessierten, für Musik, für Kunst in selbst organisierten Strukturen. Die haben Brachflächen, insbesondere in Leipzig und Berlin, zum Veranstaltungsort umfunktioniert. Der Grundrahmen des ersten Raummoduls lässt sich zu einem Fahrgestell verwandeln. Man muss einfach nur Radachsen montieren und kann die Raumerweiterungshalle dann irgendwo hinfahren, die Raumteile ausziehen, und die Party beginnt. Techno, Flaschenbier, Mate-Brause.

Eine Gestalt, die mehr guckt als tanzt, bekommt eine Gänsehaut. Tritt aus der Halle und schaut ins Gestrüpp. Das fahle Licht vom Nordbahnhof, die kaputte Uhr auf dem kleinen weißen Turm. Der Dunst lacht ihn an. Noch nie war ihm so gruslig. Er misstraut den Grünanlagen.

GRin Du bist also nicht allwissend?

G Die alten Gespenster waren sehr dumm. Sie machten nichts mit ihrer Zeit. Aber ich lese viel. Bücher über Berlin, über die Geschichte, was alles passiert ist. Aber damals hatte ich nur Ahnungen und Gefühle. Das seltsame Bahnhofsgebäude und -gelände, seine grauenhaft anmutenden Gänge und Geschosse, seine Trostlosigkeit und feuchte Kälte hinterließen sofort einen tiefen Widerwillen in mir. Das ist heute erst recht so, wo ich so viel mehr über diesen Ort der Hinrichtungen weiß.

Ein junger, dummer Mann stahl in Berlin einmal eine silberne Konfektschale eines Adeligen, zerbrach das wertvolle Metall und verkaufte die Einzelteile.

Er sollte mit dem Leben büßen und geviertelt werden. Sein Bruder aber, der Silberdiener bei dem hohen Herrn war, flehte um Gnade für den Dummen und die Gnade wurde gewährt. Der Dieb bekam die Milde des Handbeils zu spüren und das ganz große Spektakel blieb zur Enttäuschung vieler aus. Ein banales Eigentumsdelikt, und schon war das Leben verwirkt. Ab zum Scharfrichter, Berlin im 18. Jahrhundert. Aus alten Karten und Skizzen geht die Lage des Wohnhauses des Scharfrichters und seiner Knechte, der Scheunen und Arbeitsräume, eindeutig hervor. Heute Invalidenstraße, das Gelände am Nordbahnhof, der Beachvolleyball-Platz, der neue Park, und die Deutsche Bahn baut ein ödes Verwaltungsgebäude. Wir sprechen von etwas mehr als hundert Jahren Scharfrichterei und Abdeckerei an diesem Standort.

Es begann mit Matsch, Sand, dünne Krume für bemühten Ackerbau, das Vogtland. Es lag außerhalb der nördlichen »Circumvalationslinie«, die etwa in Höhe der heutigen Torstraße/Linienstraße verlief. Hinter diese Stadtgrenze sollte der Scharfrichter ziehen. An seinem früheren Standort, im Nikolaiviertel, war er jetzt unerwünscht. Die Bürger beschwerten sich über den üblen Geruch. Der Scharfrichter betrieb nämlich auch eine Abdeckerei. Denn so viel konnte gar nicht hingerichtet werden, dass ein Scharfrichter mit seinem Gesinde davon hätte leben können. Der Scharfrichter war auch für die Verwertung der geschlachteten Tiere zuständig. Felle, Hufe, Haare, Häute und Knochen. Aus den eingefangenen Hunden wurde Hundeleder und Hundefett, und selbst aus toten Nutztieren war noch etwas zu gewinnen. Hat bestialisch gestunken, die Beschwerden der Anwohner sind belegt. So erzwang man nach Jahren der Standortsuche und Planung den Umzug der Abdeckerei von der Altberliner Innenstadt in ebenjenes nördliche Vogtland. Dort stellte der Magistrat 1724 dem Scharfrichter Klein ein neues Anwesen zur Verfügung. Das neue Haus taugte nicht viel, es regnete rein, es war schnell baufällig und die wechselnden Pächterfamilien und ihre Knechte klagten ein Jahrhundert lang, dass Kälte, Wind und Wasser ihnen das Leben vergällten. Die Richtstätte war nah am Wohnhaus aufgestellt, auf der Anhöhe. Doch schon ab 1821 fanden keinerlei Kadaververwertungen mehr in diesem Bereich statt. Der strenge Geruch hatte mal wieder Ärger provoziert. Nicht nur die Reisenden auf der Berlin-Hamburger-Chaussee – heute Chausseestraße – waren abgestoßen, der Gestank störte auch bei der Ausbreitung städtischer und industrieller Strukturen in diesem vormalig ländlichen Gebiet. Die Stadt holte den Scharfrichter schon nach wenigen Jahrzehnten ein und verdrängte ihn wieder. Ja, der Scharfrichter war den neuen Anwohnern und den neuen Bauherren mal wieder sehr lästig geworden. Stadtumwandlung und Verdrängung waren auch im 18. und 19. Jahrhundert ein Thema. Und die Leute waren abergläubisch, auch Abscheu mag eine Rolle gespielt haben bei den Bemühungen, ihn wieder loszuwerden. Immerhin waren die Scharfrichter und Abdecker mit ihren Knechten auch für das Ablösen und Wegbringen der »Verzweifelten« – Selbstmörder im damaligen Jargon – zuständig, und nicht selten entleerten und reinigten sie auch die »Priveter« (Kotbottiche) der umliegenden Wohnhäuser. Gegen saftige Gebühr natürlich. Das allgemeine Bedürfnis, sich vom Scharfrichter und seinen Knechten abzugrenzen, drückt sich auch in einer Kleiderordnung aus. Er sollte Grau tragen. Schließlich gab es ein »erneuertes, geschärftes und extendirtes Edict, dass von nun an, alle Scharfrichter, Büttel und dergleichen dazu gehöriges Gesindel, sich in grau kleiden, keineswegs aber jemanden Kleidung von blauer oder anderen Farben, und zwar bey Strafe der Karre tragen sollen. De dato Berlin, den 24. Juli 1738.« Grau ist wirklich unheimlich. Auch der Scharfrichter hatte nicht viel Lust, in Grau zu gehen. Das Edikt war ein hilfloser Versuch, ihm Vorschriften zu machen. Die Strafe »bei Karre« für Zuwiderhandlung war nur eine Ehrenstrafe, bei der eine peinlich gekennzeichnete »Karre« vor das Haus gefahren wird. Ein Anhänger voller Mist beispielsweise. Doch langsam stieg der Druck, die Abdeckerei musste wieder verlegt werden. So bekam die Witwe Krafft, die Pächterin der Scharfrichterei und Abdeckerei in der Invalidenstraße war, im Jahr 1821 ein großes Gelände in der Jungfernheide zugesprochen. Hier brannte einige Jahre zuvor schon Berlins letzter Scheiterhaufen. Aber es war keine Hexenverbrennung. Ein junges Pärchen, das brandschatzend und plündernd durch die Gegend zog, wurde 1813 an der Jungfernheide in Gegenwart der Witwe Krafft, ihrer Knechte und einer spektakulär großen Publikumsmenge verbrannt. Solange es den Leuten erlaubt war, folgten sie zu gerne dem öffentlichen Ruf zum Beiwohnen der Leibes- und Lebensstrafen. Bis in Preußen 1851 die öffentliche Hinrichtung verboten wurde, mit der Einführung der Intramuran-Hinrichtung, Hinrichtung innerhalb der Gefängnismauern.

GRin Eigentlich komisch, dass es in Berlin kein Henkermuseum gibt. Sogar ein Zuckermuseum gibt es hier, aber kein Henkermuseum.

G Wieso auch?

GRin Im Rheinland oder in Österreich beispielsweise, da

gibt es kleine, gemütliche Henkermuseen. Der Nordbahnhof gäbe einen großartigen Standort ab für ein Berliner Henkermuseum. Man könnte die Touristen anlocken, die sich nur hundert Meter entfernt auf dem Mauergedenkpark und in der Mauergedenkstätte immer nur Mauer, Mauer, Mauer geben. Berlin hat doch einige Schrecken mehr zu bieten als die deutsch-deutsche Grenze und den Kalten Krieg. Warum also keine Henkerswerkzeuge zeigen und über Strafauffassungen in den vergangenen Jahrhunderten aufklären und anschließend Blutsuppe servieren?

G   Das ist zu grausig.

GRin Angst ist auch Lust.

G   Nicht dass ich wüsste.

GRin Du behauptest, du fürchtest dich vor Berliner Orten, und selbst ein rostiges Henkersschwert ist dir zu viel. Aber du zündest nachts Autos an. Ist das gelebte Poesie?

G   Der Vergleich ist nicht schlecht. Aber Berlin ist vollkommen anders als das Rheinland. Hier gibt es eine ewige Gewalt, die zu fürchten es Grund gibt. Dagegen wehre ich mich, gegen die Urgewalt, die in Berlin alles verschwinden macht.

GRin Wir waren beim Galgenberg stehen geblieben.

G   Das ist fast 200 Jahre her. Wenn man nicht gerade ein Menschenleben zum Maßstab macht, ist das nicht viel Zeit.

GRin Man sieht dem Nordbahnhof fast nichts an. Er ist vielleicht ein bißchen trist und gruselig. Das Beachvolleyball-Feld gegenüber vom Nordbahnhof ist im Sommer sehr gut besucht, man kann da Grillwurst essen, Kinder buddeln im Sand.

G   Als würde man nach der Apokalypse als Erstes in eine Bratwurst beißen. Schauderhaft.

GRin Dass Gespenster so viel Angst haben, ist unglaublich. Das ist wirklich interessant. Menschen bestehen zu neunzig Prozent aus Wasser, ich würde sagen, du bestehst zu neunzig Prozent aus Angst und Trauer.

G   Ich mache mir Sorgen über die historische Entwicklung. Ich sehe alles gleichzeitig. Da kommt man auf schwarze Gedanken.

GRin Helfen dir die brennenden Autos gegen die Angst? Ist das eine Art Gespenstertherapie?

G   Ich gebe zu, so ein brennendes Auto, das ist ein kleiner glücklicher Moment von Gegenwart. Mehr Lebensgefühl darf man als Gespenst nicht erwarten. Im Vergleich mit all den Gräueln, die unterirdisch im Nordbahnhof geschehen sind, ist so ein brennendes Auto auf unseren sauberen Straßen einfach nur harmlos, fast niedlich.

Im Tunnel vom Nordbahnhof sind schreckliche Dinge geschehen. Damals hieß er noch Stettiner Bahnhof. Der große, prächtige Stettiner Bahnhof, von dem aus die Berliner zu ihren Ferienorten an der Ostsee fuhren und nach Skandinavien. Der Stettiner Bahnhof bekam 1935, rechtzeitig zu den Olympischen Spielen, einen unterirdischen S-Bahn-Anbau, einzig der ist heute noch erhalten. Diese S-Bahn-Station war als nördlichste Station an die Nord-Süd-S-Bahn angeschlossen, die Strecke ging über sechs Kilometer und hatte folgenden Verlauf: Anhalter Bahnhof – Potsdamer Platz – Unter den Linden – Friedrichstraße – Oranienburger Tor – Stettiner Bahnhof.

In den Bombennächten des zweiten Weltkriegs suchten

die vielen Leute, die um den Stettiner Bahnhof wohnten und keinen Keller und keinen Bunker zur Zuflucht hatten, im unterirdischen Bereich Schutz. Da lagen auch verletzte Soldaten, zum Sterben abgelegt, ohne Versorgung, nur zum Krepieren. In den letzten Kriegsmonaten 1945 sind verwundete Wehrmachtsangehörige in den Tunnel des Stettiner Bahnhofs gebracht worden. Ihre Waggons hielten oben im Stettiner Fernbahnhof, wo Züge vom Nordosten kamen. Man brachte die Männer hinunter und ließ sie da liegen. Als es einmal laut und rauchig wurde, hieß es, ein Schwerverletzter habe sich mit einer Handgranate das Leben genommen. Es sollte schlimmer kommen. Am Morgen des 2. Mai 1945 – sechs Tage vor der deutschen Kapitulation – sprengten Unbekannte den S-Bahn-Tunnel von innen, auf der Höhe des Landwehrkanals in Kreuzberg (Tempelhofer Ufer/Halle'sches Ufer). Daraufhin drang Kanalwasser in den S-Bahn-Tunnel ein und lief auf der gesamten, 6,6 Kilometer langen Strecke allmählich voll. Die Flutung war Mord an denjenigen, die nicht entkommen konnten. Nach den Schätzungen einer rekonstruierenden Studie aus dem Jahr 1992 sind zwischen hundert und zweihundert Menschen unmittelbar durch die Flut gestorben. Die tatsächliche Anzahl der Opfer war schwer zu bestimmen, da über einen Zeitraum von etwa zwölf Monaten immer wieder und unkoordiniert Wasserleichen aus dem Tunnel geborgen wurden. Etliche wiesen Verletzungen auf, die darauf schließen ließen, dass einige bereits vor der Flut gestorben waren.

Außerdem kam es am 1. Mai 1945 bei der Evakuierung des Bunkers am Anhalter Bahnhof zu einer Art unterirdischem »Todesmarsch«, an dem Schwerverletzte, Frauen, Kinder und auch alte Menschen teilnehmen mussten. Die

SS erklärte den Hochbunker zum Kampfbunker und trieb die Menschen, deren Zahl in Augenzeugenberichten mit bis zu fünftausend angegeben wurde, in den verqualmten Tunnel. Sie sollten unterirdisch zum Stettiner Bahnhof marschieren. Das Wasser stand zum Teil bereits 1,5 Meter hoch und musste durchwatet oder durchschwommen werden. In dem frühesten Bericht, der über die Flutung des S-Bahn-Tunnels publiziert wurde – er hieß »Wettlauf mit dem Tod« und erschien am 11. Juni 1945 in der Berliner Zeitung –, spricht ein Augenzeuge von nur zwölf Menschen, die überhaupt das Ziel erreichten.

Diese Zahlen sind alle sehr widersprüchlich, einhundert oder zweihundert Tunnel-Opfer oder fast fünftausend?

Kurz nach Kriegsende fanden am Stettiner Bahnhof Dreharbeiten für einen Spielfilm statt. In der Hauptrolle die junge, halb verhungerte Schauspielerin Hildegard Knef, die später in ihrem autobiographischen Bericht »Der geschenkte Gaul« schrieb: »Wie das Gerippe einer Riesenechse ragten die Reste des Stettiner Bahnhofs aus der Klamottenwüste, er war Vorder- und Hintergrund unseres ersten Drehtags für den ersten deutschen Nachkriegsfilm ›Die Mörder sind unter uns‹. Von hier waren die Züge nach Swindemünde, Stettin und Danzig gefahren, das Einzige, was ihm geblieben war, war der Name; alles andere in seiner Umgebung – Plätze, Alleen, Sackgassen – war umbenannt worden, ein jeder setzte seiner Nation ein Mahnmal in Form eines Schildes, das häufig das einzig Unversehrte in einer ansonsten unauffindbaren Straße war.«

1950 wurde der Stettiner Bahnhof in Nordbahnhof umbenannt, 1952 wurde er gesperrt, ab 1961 gab es auch keinen Güterverkehr mehr. Der Nordbahnhof wurde zum Geisterbahnhof, so nannte man das, lagen seine Gleise doch im Sperrgebiet der Berliner Mauer. Die Tunnel unter dem Bahnhof wurden zugemauert. Kurz vorher gelang noch jemand die Flucht in den Westen, der hatte einen Schlüssel vom Stellwerk und entkam durch eine Tür. Keine Ereignisse mehr, nach allem, was war, plötzlich nichts mehr. Der Tunnel hatte massig Zeit für sich, konnte in Ruhe über alles nachdenken. Es tat ja sonst keiner: Die Männer, die die Sprengung des Tunnels veranlassten und durchführten, wurden nie gefasst. Von Anstrengungen zur Ermittlung der Täter, die der mörderischen Tat angemessen wären, ist nichts bekannt. Zu den mutmaßlichen Tätern konkurrierten in der Nachkriegszeit bei der Berliner Bevölkerung zwei Legenden. Die eine Legende sagt, es waren die Russen, die andere, es war die SS. Ein informelles Gutachten von 1991, das ein Unternehmen für Sprengung, Abbruch und Munitionsbergung anfertigte, kam zu dem Ergebnis, dass die Täter Ortskenntnis und ausreichend Vorbereitungzeit bei der oberirdischen Kammer-Sprengung des Landwehrkanals besaßen: »Eine Zerstörung durch Minen ist mit ziemlicher Sicherheit auszuschließen [...]. Im Handstreich, also ohne größere Vorbereitungen, lassen sich solche Sprengungen nicht durchführen. [...] genaue Ortskenntnisse mussten vorhanden gewesen sein, da die Zerstörungen ganz gezielt auftraten. [...] Es ist unwahrscheinlich, dass die Täter keine Pläne hatten.«

Die Russen, die keine erkennbaren Motive für eine derartig sinnlose Sprengung haben konnten, scheiden als Täter wahrscheinlich aus. Ein Motiv der SS könnte gewesen sein, mit der Sprengung des S-Bahn-Tunnels der russischen Armee den zügigen unterirdischen Nord-Süd-Weg durch die Stadt abzuschneiden. Vielleicht sogar das Vordringen durch den Tunnel in den Nahbereich der Reichskanzlei zu verhindern, denn die S-Bahn-Station »Unter den Linden« war ja auch von der Flut betroffen.

Ein weiterer Hinweis auf die Täterschaft der SS ergibt sich aus einem Bericht über das jüdische Ehepaar Walter und Leonie Frankenstein, das in Berlin mit zwei kleinen Kindern den Holocaust überlebte: »April 1945, die Schlacht um Berlin ist im Gange, und die allerletzten Tage in der Illegalität verbringt die Familie im Bunker der U-Bahn am Kottbusser Tor in Kreuzberg, zusammen mit deutschen Frauen und Kindern. Walter versteckt sich im oberen Bett unter einem Strohsack: ›Bevor die Sowjets kamen, kam erst einmal die SS. Die wollten den Bunker unter Wasser setzen. Sie haben gesagt, für deutsche Frauen und Kinder sei es nicht angebracht, das Kriegsende zu überleben.‹ Doch die Frauen bringen die SS von ihrem Vorhaben ab.« (*taz*, 5.11.2005)

GRin Noch mal zurück zu den Anschlägen auf Autos. Die Staatsanwaltschaft hat ja über Wochen den Soziologen Andrej Holm in Untersuchungshaft genommen, der sich als Wissenschaftler mit Stadtwandel, Verdrängung und Gentrifizierung in Berlin beschäftigte. Man hielt ihn irrtümlich für den geistigen Anführer der Brandstifter, die sich zum Teil einer ähnlichen soziologischen Fachsprache bedienen. Aber wenn ich dich so sprechen höre, wird deutlich, dass der Blick eines Autoanzünders überhaupt nicht soziologisch sein muss, sondern eher historisch. Das ist doch ziemlich irre, Motivation und Wut aus der Vergangenheit zu beziehen. Du bist ein junges Gespenst, hast du gesagt, du bist ja gar nicht aus der alten Zeit.

G Was ist die Frage?

GRin Es ist die Frage nach dem Urbild. Was hat dich erschaffen? In Clint-Eastwood-Filmen kommt diese Frage immer: Was siehst du, wenn du die Augen schließt?

G Es ist wie bei allen Gespenstern.

GRin Ein dunkles Geheimnis? Ein Fluch? Eine Schuld?

G Es ist die Familiengeschichte.

GRin Erzählst du sie mir?

G Mein Großvater war Sanitäter in Stalingrad. Er kam gerade noch raus, denn er fälschte mit einer Gruppe von Arbeitern Marschbefehle. Als er zurück in Berlin war, am Anhalter Bahnhof, da schnauzte ihn ein SS-Mann heftig an, weil er nicht gegrüßt wurde. Der Großvater erwiderte – auf Stalingrad anspielend: »Wenn du erlebt hättest, was wir erlebt haben, dann würdest du hier nicht so rumbrüllen!« Der SS-Mann war aber wenig beeindruckt und drohte ihm mit Kriegsgericht. Es kam zu einem Kampf zwischen den Männern. Der Bahnhof aber war voll mit flüchtenden, aufgeschreckten Frauen. Die Frauen schalteten sich in den Kampf ein und warfen den SS-Mann vor einen einfahrenden Zug. Er wurde von dem Zug überrollt. Der Großvater kam daraufhin in Untersuchungshaft, monatelang, aber er überlebte.

GRin Das also ist die Urszene?

G Sieht so aus.

GRin Aber diese spektakuläre Geschichte klingt allzu phantastisch, sie kann kaum wahr sein. Da kamen also Frauen, packten den SS-Mann, warfen ihn vor einen rollenden Zug, der Held kam ins Gefängnis und fertig war der Widerstandskämpfer.

G   Ich lasse mir meinen Großvater von dir nicht schlechtmachen! Da bin ich sehr empfindlich.

GRin Entschuldige bitte, ich möchte doch deinen Großvater nicht schlechtmachen. Es imponiert mir sogar, dass er so gewitzt war, Marschbefehle zu fälschen. Da gehörte Mut und sicher auch einiges Können dazu. Das hat ihm in Stalingrad bestimmt das Leben gerettet. Aber das war doch eher eine riskante Trickserei und weniger ein Akt von politischem Widerstand. Diese Geschichte soll als Begründung herhalten, dass heute Autos angezündet werden? Dich stören doch die Menschen, die heute in Mitte leben?

G   Die neuen Bewohner haben mehr kaputt gemacht als jeder Krieg. Mehr als jeder Krieg haben die hier alles zerstört. Die pflegen zwar die Berlin-Nostalgie mit Döblin im Bücherschrank, aber sie haben den Berliner Dialekt vertrieben. Die Sprache der kleinen Leute, der Altberliner Bevölkerung.

GRin Warum spukst du nicht ordentlich und machst diesen Leuten Angst in ihren eigenen vier Wänden?

G   Das ist gar nicht so leicht. Dazu müssten die Leute erst mal an Gespenster glauben. Aber die Leute glauben an nichts mehr. Nur noch an Mercedes, Daimler-Chrysler, Porsche, Audi.

GRin Das stimmt doch gar nicht. Ich habe einige Fälle gefunden, wo Leuten noch richtig Angst vor Gespenstern hatten, besonders in Mitte. Manche zogen vor lauter Angst sogar aus ihren Wohnungen aus. Aber es gibt auch Berliner, die arrangieren sich mit ihren Hausgespenstern. Vielleicht findest du eines Tages

eine nette Familie, bei der du gerne leben magst.
Dann müsstest du keine Autos mehr anzünden.
Könntest du dir das vorstellen?

G   Sic transit gloria mundi.

Das siebte Buch Mosis

In Klausdorf gibt es Wasser und Wald, da werden die Leute alt.

Da lebt auch Frau Erika, gestandene Hausfrau, Mutter zweier erwachsener Töchter, sie hat immer gearbeitet, in vielen Bereichen. Ihre ältere Tochter ist Krankenschwester in der Charité und durch einen Tick Zeit, eine Prise Zufall und einen winzigen Schluck Sabbelwasser kam ans Licht, dass ihre Mutter Erika Geistergeschichten erzählen kann. Sie selbst habe sich nachts nicht mehr zur Toilette getraut, wenn sie an die Geschichten ihrer Mutter dachte. Hauptsache, es kommen keine Schatten. So geschieht, was geschehen muss: Frau Erika aus Klausdorf bei Zossen, die angeblich Geistergeschichten erzählen kann, fünfundfünfzig Jahre alt ist und ein rosiges Gesicht fast ohne Falten hat, empfängt die Städterin, holt sie sogar an der Haltestelle für den Überlandbus ab. Der Flieder blüht seit wenigen Tagen, es hat die ganze Nacht geregnet, der Wind weht über den Mellensee, ein Hund bellt. Frau Erika zeigt ihren Blumengarten und das Gemüsebeet. Sie besitzt ein Blumenhaus, in dem die Kübelpflanzen überwintern können, und einen Verschlag, da leben zwei Stallhasen in zwei Käfigen neben vielen leeren Käfigen, die kommen Dezember in den Ofen. Zu DDR-Zeiten hatte sie mehr Hasen, da waren alle Käfige voll, es gab 25 Mark pro Hase, wenn der Laster kam, um sie zu holen, damals viel. Sie hat Suppe vorbereitet, mit Bohnen, Spargel, Kartoffeln und Schweinefleisch, das riecht so gut im Haus, es ist so kalt an diesem Vormittag, man möchte gleich zu Tisch. Doch Geduld. Gegessen wird um zwölf. Sie erklärt, wie das Leben hier verläuft: Um sieben Frühstück, um zwölf Mittag, um drei Kaffee, um sechs Abendessen. An diesem Tag will sie bis zwölf Uhr mittags alles erzählt haben, was sie über Gespenster weiß.

Sie kam von Rügen, ist als junge Frau mit dem Mann nach Klausdorf gezogen, wegen der Arbeit. Sie meinten, das wäre Klausdorf bei Stralsund, und irrten sich. Doch bei Berlin ist das Leben auch schön geworden, wenn es auch oftmals hart war. Zuerst will sie berichten, was sie zuhause auf Rügen erlebt hat.

Ich habe acht Geschwister. Im Winter 1966 hatten wir kein Fernsehen.

Die Oma war im Krankenhaus, ihr wurden die Füße abgenommen, Diabetes.

Sie hatte einen Gehstock, als sie noch gehen konnte, aber damit war es nun vorbei. Der Gehstock machte immer so ein Geräusch auf dem Boden, wie Klopfen. Wir saßen abends zusammen. Da klopfte es an der Bodentür. Einmal kräftig. Meine Mutter sagt: Carl, geh mal gucken!

Carl guckt, kommt zurück und sagt: Mama, da ist niemand.

Da klopft es wieder, ganz laut.

Bleib sitzen, Carl, sagt die Mutter, eure Oma verabschiedet sich.

Es klopfte noch mal, laut. Dann Ruhe. Eine halbe Stunde später kam der Anruf vom Krankenhaus, die Oma sei gestorben.

Noch eine Geschichte von Rügen.

Es gibt gute und schlechte Menschen, das wissen Sie ja.

Und das ist eine Geschichte von einem bösen Mann,

wenn der keine Menschen zum Quälen kriegte, dann nahm er die Schweine. Wenn er keinen Menschen unter sich hatte, ging er nachts in den Stall und hat die großen Schweine mit den Händen getötet. Aber wenn er doch mal Menschen nahm, dann konnte er die so weit runterdrücken, dass sie bald elend waren und sterben mussten. Mein Bruder war Schweißer und kam alle vierzehn Tage von der Montage nach Hause. Immer wenn er kam, war seine Kehle wie zugeschnürt, als erwürge ihn jemand, er konnte kaum sprechen, essen oder trinken. Mit seinen Füßen lief er wie auf Nadeln, er wurde schwach und mochte nicht mehr gehen. Das wäre nicht mehr lange gut gegangen. Also musste er herausfinden, wer ihm Böses wollte. Er ging zu einer Frau aus Buschvitz zum Besprechen. Die konnte Gürtelrose und Warze besprechen, ja und mehr. Die Frau hat ihm gesagt: Wenn du über sieben Kreuzungen gehst, dann ist es weg. Das stimmte. Als er zurück zur Montage fuhr, zählte er alle Kreuzungen, nach der siebten Kreuzung war das Würgen weg. Die Frau sagte auch, er solle nachts um zwölf auf die Brücke gehen, dann würde er denjenigen sehen, der ihm Böses tut, der ihn unterhat.

Mein Bruder ging Mitternacht zur Brücke in Klüs und da sah er den bösen Mann, wie er aus dem Schweinestall kam. Der Mann hat bei der LPG im Schweinestall gearbeitet, und als er sah, dass er entdeckt worden war, ist er vor Schreck davongerannt und hat ihn nie wieder untergekriegt. Endlich war das Würgen vorbei. – Von zwölf bis eins ist Geisterstunde, das wissen Sie ja, da gehe ich niemals raus, nie.

Manche haben ja das siebte Buch Mosis, das Zauberbuch, das siebte Buch Mosis, die Fähigkeit zum Bösen. Wer das Buch hat, der gibt es weiter, sonst kann er nicht sterben. Der böse Mann aus Klüs gab es seiner Lebensgefährtin und die Lebensgefährtin musste es einem Mann geben, und wer es jetzt hat, wer weiß. Es muss aber immer abwechselnd weitergegeben werde, Mann auf Frau, dann wieder Mann, dann Frau. Sonst können sie nicht sterben. Das ist natürlich auch so ein Ausdruck: Die haben das siebte Buch Mosis. Aber das Hexenbuch, das gibt es wirklich. Ich habe es gesehen.

Entschuldigung, an dieser Stelle machen wir eine Vollbremsung und halten den Zug an!

Liebe Frau Erika, Sie haben an jenem Vormittag, als ich Sie besuchen durfte, natürlich nicht angehalten, Sie haben weitergesprochen und ich habe alles mitgeschrieben und dabei staunende und glückliche Augen und Ohren bekommen, aber ich muss Sie jetzt unterbrechen, um zu überlegen, wie es weitergeht mit Ihnen und uns und all den Gespenstern, die Sie rufen. Denn das, was ich an jenem Vormittag von Ihnen zu hören bekam, war so ganz anders als die ergänzungsbedürftigen Splitter vom Unbehagen, die mir die meisten Städter bisher anvertrauten. Zwischen Ihnen, liebe Frau Erika, und den Informanten der anderen Geschichten besteht ein wesentlicher Unterschied: Sie haben eine Vorstellungswelt zur Verfügung – die Welt der Glaubensdinge und Wunder – und auch ein ganz bestimmtes Motiv, das siebte Buch Mosis. Mit diesen festgewachsenen Instrumenten können Sie von bösen Schweinequälern, Verwünschungen und Abwehrzaubern erzählen. Ihr Erzählen hält sich nicht mit Zweifeln auf, Sie machen keine Rückzieher und wackeln nicht. Sie sprechen ganz in der alten Weise, die aufzuheben und weiterzuerzählen wert ist und die mich beeindruckt.

Sie erklärten mir, wie das ist, wenn die Leute sterben: Dann kommen sie noch mal wieder. Ihr Opa ist 1986 gestorben, und vierzehn Tage danach ist er noch mal über den Hof gelaufen und hat noch mal nach allem geguckt. Das war frühmorgens, noch vor dem Frühstück, Sie haben die Wäsche draußen aufgehängt und ihn beobachtet. Danach aber, sagten Sie, sei er nie wieder aufgeschlagen. Eine liebe Hexe nennt man Sie manchmal, haben Sie gesagt, und wenn Sie weiß träumen, dann wird wieder jemand sterben oder krank werden. Aber Sie unternehmen dann nichts, denn Sie haben ja eine sehr große Familie und wollen keine Aufregung erzeugen. Also was tun?

Sie bewegen sich in ihrer Erzählweise ganz wie eine Märchenfigur, das Diesseits und das Jenseits spielen auf einer Ebene, durch Allverbundenheit sind die jeweiligen Phänomene kontaktfähig, und Sie selbst als liebe Hexe mit dem grünen Daumen sind dabei in einer abgegrenzten Position handlungsfähig, so wie die klassischen Märchenfiguren, die losziehen konnten.

Liebe Frau Erika, ich möchte Ihre Gespenstergeschichten mit Respekt weitergeben, aber ich muss das anders tun, als Sie es taten. Wenn ich Sie von der Leine ließe, so wie ich es zunächst fast demonstrativ hier tat, dann würde das nicht lange gut gehen mit Ihnen und den Lesern dieses Buches. Sie haben bisher immer vor dem besten Publikum überhaupt erzählt, vor den Kindern. Wenn Sie Ihre Töchter auf Klassenfahrten begleiteten und abends die Gutenachtgeschichte am Lagerfeuer erzählten, dann konnten Sie nicht widerstehen, die Geschichten vom Schweinequäler oder vom Friedhof rauszuholen, auch auf die Gefahr hin, dass die Kinder sich nachts nicht mehr zum Pullern raustrauen.

Hauptsache, es kommen keine Schatten. Sehr lehrreich. Aber schon Ihrem Schwiegersohn wollen Sie die Geschichten nicht erzählen. Sie fürchten, dass die Erwachsenen mit Ihren Geschichten nichts anfangen können. Vielleicht können sie doch etwas damit anfangen, wenn ich aus Ihnen eine Märchenheldin mache.

Bevor es mit Frau Erikas Abenteuern weitergeht, soll noch kurz das siebte Buch Mosis erklärt sein. Das »sechste und siebte Buch Mosis« (6. u. 7. B. M.) ist das berühmteste Zauberbuch überhaupt. Das Alte Testament erzählt von den fünf Büchern Mose (auch »Mosis«), das sechste und siebte Buch Mosis aber gilt als das große, »unterdrückte« Buch, das den bösen Zauber kennt. Es heißt, der Teufel selbst habe es verfasst, und seit drei Jahrhunderten bringen es Verlage in immer neuer Ausstattung auf den Markt. Meist handelt es sich um eine Mischung aus Hausväterliteratur, Wetterhexensprüchen und Verwünschungsformeln. Das Zauberbuch, so die Legende, aber soll mit Blut geschrieben und von Dämonen diktiert worden sein, von Aziel, von Ariel, von Marbuel, von Mephistophilus, von Barbuel, von Aziabel, von Amiquel.

Moses hat damit die Zauberer Ägyptens besiegt und das Wasser geteilt. Das Buch nennt den Zauber der sieben Plagen, den Zauber des Stabes in eine Schlange und es weiß die Sonne stillstehen zu lassen; was schreckliche Folgen hat, aber ewige Jugend schenkt. Schon der Dichter Johann Wolfgang von Goethe war fasziniert von dem 6. u. 7. B. M. und erwarb ein Exemplar für die Anna Amalia Bibliothek in Weimar. Er rechtfertigte 1817 den nicht gerade preiswerten antiquarischen Ankauf gegenüber Christian G. Voigt, dem Verwalter der Weimarer Bibliotheken, in einem Brief wie folgt:

»Ehrwürdige Exzellenz werden gewiß lächeln, wo nicht
gar mich tadeln, dass ich 52 Thaler Sächs für eine magische
Handschrift gezahlt, unserer Bibliothek einzuverleiben.
Ich feilsche schon vier Wochen darum, konnte es aber doch
am Ende nicht aus Händen lassen. Eine auf dem Lande
Oppburg bey Neustadt wohnende Alchymistenfamilie
hält es im Geheim seit mehreren Jahren für den größten
Schatz und bringt es nur an Tag, weil der Glaube sich
mindert und die Noth sich mehrt. Ich halte es nicht für so
alt als es sich angibt, doch ist es immer noch seltsam genug, um Bibliotheksbesucher in Verwunderung zu verset-
zen ...« (Goethes Briefe, Nr. 7743. In: Goethes Werke, Weimar 1903, Bd. 28)

Die von Goethe akquirierte Handschrift namens »Bibliae
Magicae« besteht aus Papptafeln, die vorder- und rücksei-
tig mehrfarbig in deutscher, hebräischer, arabischer und
syrischer Sprache beschrieben sind, und mutmaßlich im
18. Jahrhundert gefertigt wurden. Von älteren Exemplaren
war immer wieder die Rede, verbürgt aber ist ihre Existenz
nicht. Erstaunlich an dem Bericht von Frau Erika – den wir
noch hören werden – ist, dass das Exemplar, das sie gesehen hat, viel größer gewesen sein soll als eine Bibel. Das
von Goethe aufgespürte Exemplar ist ebenfalls recht statt-
lich, laut Katalogauskunft der Anna Amalia Bibliothek hat
es ein Format von 30,5 mal 44,5 cm. Die meisten Reprints
aus dem 19. und 20. Jahrhundert sind kleiner. Hat sie tatsächlich das legendäre Zauberbuch zu Gesicht bekommen?

Frau Erika und der Teufel im Haus

Vor etwa zehn Jahren hatte Frau Erika es mit der Bandscheibe. Sie war bei einer Physiotherapeutin, die konnte Hände auflegen und half wunderbar. Da träumte sie weiß und rief ihre ältere Schwester auf Rügen an, um mal zu hören. Die war aber irgendwie abwesend, total komisch, es ging ihr überhaupt nicht gut. Da sagte Erika, komm doch mal runter, ich hab hier jemanden.

Die Schwester versprach auch gleich, mit dem Zug zu kommen. Also machte Frau Erika vorher noch die Stube sauber, auch die Fensterbretter mit den Blumen wischte sie ab. Aber kaum dass die Schwester ins Haus trat, lagen überall schwere Klumpen auf dem Boden, sogar auf den Fensterbrettern. O weh, da hatte die Schwester die schwere Muttererde aus dem Garten in Rügen mitgebracht. Das war ein schlechtes Zeichen, da war der Teufel mitgekommen. Bald kam die Physiotherapeutin, konnte aber nicht helfen, sie überwies an eine Frau, die Besprechungen und Rückführungen machte. Die Schwester übernachtete im Haus, an diesem Abend war alles ganz unruhig, ein Wind die ganze Zeit, als fegte ein kalter Hauch durch die Zimmer. Alle schliefen schlecht. Am nächsten Morgen saß die Schwester im Bademantel in der Küche und trank Kaffee. Erika ging ins Schlafzimmer, ihr Mann war schon früh zur Arbeit los. Da lag auf einmal die schwarze Krawatte vom Mann auf dem Bett. Die schwarze Krawatte, die er nur zu Beerdigungen trägt. Der Schrank war zu. Frau Erika erschrak sich fast zu Tode, lief zur Schwester in die Küche und schrie sie an: »Nimm den Teufel bloß mit, wenn du wieder fortgehst!« Da schrie auch die Schwester, vor Schmerz, da saß der Teufel auf ihrem Buckel.

»Ich verspreche dir, ich nehme den Teufel mit«, sagte
sie.

An diesem Morgen fuhren sie zum Besprechen, da wurde die Schwester in Hypnose versetzt. Eine tiefe Männer-
stimme sprach aus ihr: »Ich heiße Horst.«

Da wussten sie, dass der Arbeitskollege dahintersteckt,
der war ein guter Kumpel der Schwester gewesen. Er war
ihr Brigadier in der LPG bei der Pflanzenproduktion gewesen und kurz zuvor auf Rügen gestorben. Der hatte immer viel getrunken und geraucht und mit seinem Leben
rumgespielt, aber er war eigentlich ein guter Mensch. Der
zog an ihr, der wollte sie mitnehmen. Er war wohl immer
in sie verliebt gewesen und wollte wenigstens im Tod ihre
ewige Treue. So war die Schwester kaum noch auf dem Boden, sie guckte immer nach oben in den Himmel und war
schon fast weg. Nach der Hypnose ging es ihr wieder besser. Aber die Unruhe und der Wind waren immer noch im
Haus, denn das mag der Teufel nicht, wenn man denjenigen hilft, die er unterhat. – Am Abend fuhr die Schwester
zurück nach Rügen, und in dem Moment, als ihr Zug in
Rostock ankam, war schlagartig wieder Ruhe im Haus.
Das war Frau Erika so unheimlich, sie hat sich fast zu Tode
gegruselt.

Frau Erika kassiert Lichtgeld

Ende der 1980er Jahre hat sie im Ort Lichtgeld kassiert, für
die Elektrizität. Sie ging von Haus zu Haus und hat die
Zähler abgelesen und das Geld angenommen. Jedes Vier-
teljahr kam sie abkassieren, aber ohne Ankündigung, ohne
Termin, die Leute wussten ja, dass Frau Erika irgendwann

kommt. Und wenn sie sich eine Weile unterhielt mit jemandem, dann dauerte es eben bis zum nächsten Haus etwas länger. In einem der Häuser lebte eine ältere Dame, die stand oft hinter der Küchentür im toten Winkel. Die hatte zur Hofseite kein Fenster und konnte weit und breit nichts sehen von ihrer Ecke aus. Wann immer Frau Erika reinkam, egal zu welcher Zeit, stand sie schon hinter der Tür und rief: »Na Frau Erika, sind Sie schon wieder da?« Das war so merkwürdig, Frau Erika hatte immer ein schlechtes Gefühl und bekam eine Gänsehaut und hat sich arg erschrocken, wenn die alte Dame da wieder im Winkel stand und kein Fenster weit und breit und sie trotzdem wusste, wer da kam. »Na Frau Erika, sind Sie schon wieder da?«

Als sie das nächste Mal auf Rügen war, erzählte sie ihrer Mutter davon und die Mutter riet ihr Folgendes: »Wenn du das nächste Mal hingehst, dann spuckst du vorher dreimal auf den Boden und rufst dreimal: ›Leck mich am Arsch!‹« Und so tat sie es, sie spuckte dreimal auf den Boden und rief dreimal »Leck mich am Arsch!«, bevor sie hineinging. Was geschah? Die Alte stand nicht mehr in ihrem Winkel. Sie saß hinten am Ofen mit dem siebten Buch Mosis und blätterte hektisch darin, die war ganz durcheinander.

Da trat Erika näher an sie heran und sagte: »Na, so eine große Bibel hab ich noch nie gesehen.« Da war die Alte ganz erschrocken, hat das Buch fallen lassen, aber Erika hat sich nicht gebückt und es auch nicht angefasst. Seit diesem Vorfall wechselte die Alte stets die Straßenseite, wenn sie Frau Erika kommen sah, und sie stand nie wieder in dem Winkel in der Küche und hat nie wieder so unheimlich gegrüßt, wenn Frau Erika über den Hof kam, um das Lichtgeld zu kassieren. Deshalb hat Frau Erika auch immer eine Sicherheitsnadel dabei, damit die Bösen nicht an sie rangehen, denn die wollen sich nicht an ihr stechen. Und wenn die kleine Enkelin fragt, warum die Oma immer die Sicherheitsnadel dabeihat, sagt sie: Wenn ich nach Berlin fahre und ein Knopf geht ab, dafür ist das.

Die alte Dame ist dann bald gestorben, aber sie hat das Buch vorher an einen Mann weitergeben müssen, sonst hätte sie nicht sterben können. Wenn man Frau Erika fragt, wer es jetzt wohl hat, dann sagt sie, sie weiß es nicht. Vielleicht hat die Alte es an denjenigen weitergegeben, der sich vor ihrem Tod um sie kümmerte. Der war kein Verwandter, aber er nannte die Alte immer Tante. Vielleicht hat er jetzt das siebte Buch Mosis. Vorsichtshalber sagt Erika immer insgeheim ihren guten Spruch, dreimal »Leck mich am Arsch«, wenn sie ihn in der Kaufhalle sieht, dann geht er nicht an sie ran.

Frau Erika und das schwere Sterben

Frau Erika hat einen lieben und guten Mann abgekriegt, der zu arbeiten weiß und auch weiß, wie man das Geld nach Hause bringt, der auch im Haus von Nutzen ist, weil er geschickte Hände hat. Aber der gute Mann hatte eine sehr gehässige Großmutter, mit der sie viele, viele Jahre unter einem Dach lebten, bis sie 96 Jahre alt war. Warum die Oma immer so gehässig war und keinen Menschen in Frieden lassen mochte, das wusste niemand. Sie war wohl schon immer so. Du lässt mich nicht sterben, hat sie Frau Erika in ihren letzten Jahren immer vorgeworfen, du lässt mich nicht sterben. – Draußen im Garten vor Omas Fenster wuchs eine Freudenblume, die war wunderschön. Als sie dann in ihrem Zimmer gestorben ist – sie ist so schwer gestorben –, da hat Frau Erika das Fenster aufgemacht und die Seele rausgelassen. Früher hat man die Spiegel verhängt, wenn jemand gestorben war. Aber man muss die Fenster aufmachen und die Seele rauslassen, so geht das. Aber nach vierzehn Tagen kam die Oma wieder. Eines Morgens um acht Uhr ging die Tür einen Spalt auf. Und am nächsten Morgen wieder um acht Uhr ging die Tür einen Spalt auf. Morgens um acht hat Frau Erika sie gewaschen und gewindelt, sie hat sie ja jahrelang gepflegt. Da ging Frau Erika zu ihr ins Zimmer und rief: »Oma, jetzt lass mich bitte in Ruhe, ich schaffe es nicht, du hast dein Leben gelebt, ich hab dich sechs Jahre lang gepflegt, jetzt lass mich in Ruhe.«

Sie hat fast geheult, es war sehr schwer. Dann aber ging die Tür nie wieder auf. Die Freudenblume ist dann gleich eingegangen, die hat Frau Erika nie wieder hingekriegt. Irgendwas nehmen sie immer mit, dachte sie, und die Oma hat die Freudenblume mitgenommen.

Wie das kam, dass sie so furchtbar schwer gestorben ist? Sie lag schon tagelang wie reglos im Bett, man dachte, nun ist es bald vorbei, aber dann kam immer wieder Kraft in den Leib, sie hob und beugte den Oberkörper und schlug mit den Armen auf die Decke und rief: »O je, o je! O je, o je!«

Woher nahm sie nur diese Kraft?, fragten sich alle, wenn sie sahen, wie sie sich quälte. Da sagte Frau Erika zu ihrer ältesten Tochter: Ich glaube, die Oma hat noch was zu erledigen auf Erden. Da wurde die Oma plötzlich ganz ruhig. Frau Erika faltete ihr die Hände und ging raus, setzte sich in den Wintergarten und wartete. Kurz danach starb die

Oma, so, mit den von Frau Erika gefalteten Händen. Denn sie wird gehört haben: die Oma hat auf Erden noch was zu erledigen, das hat sie beruhigt. Was sie zu erledigen hatte? Das hat Frau Erika auch erst auf der Beerdigung erfahren. Zur Beerdigung kamen nämlich auch die Cousins der Oma, und die erzählten, was los war.

Die Oma wurde 1905 geboren, und als sie noch ein junges Mädchen war, ist sie in Polen in Stellung gewesen, bei einer jüdischen Familie in Kaki. Der Hausherr war ein Fleischer. Das Mädchen, noch keine zwanzig Jahre alt, wurde vom Hausherrn rund und bekam einen Jungen. Den Jungen ließ sie bei der Familie zurück, die sich so sehr einen Sohn wünschte. Böse Zungen behaupten, sie hätte das Kind an den Fleischer verkauft, aber das ist gar nicht der Kern von der Sache. Die Sache ist, dass sie zurück nach Hause ging und das Kind nie wieder sah und auch nie erfuhr, was später mit ihm geschah und ob es als Sohn eines jüdischen Fleischers den Krieg und den Holocaust überleben konnte. Machte sie sich überhaupt Gedanken, und in welche Richtung? Doch kein Wort, keiner wusste davon, nicht Frau Erika und auch nicht ihr Mann, der ja der Enkel war. All die Jahre kein einziges Wort. Zu niemandem. Vielleicht war sie deshalb so gehässig. Deshalb fiel ihr auch das Sterben so schwer, denn das zu klären hatte sie eigentlich noch vor auf Erden.

Das waren sie, die Geschichten von Frau Erika und dem Reich der Geister. Onkel Heini kommt in die Küche, es ist zwölf. Onkel Heini ist der ältere Herr, der als Untermieter in den ehemaligen Räumen der Oma wohnt, da, wo sie so schwer gestorben ist. Onkel Heini hat bis eben noch im Wintergarten gesessen und dort die Regionalzeitung gelesen. Als wir anfangs den Hausrundgang machten, saß er neben der großen Bügelmaschine. Eine Bügelmaschine aus Holz und Eisen, mindestens ein halbes Jahrhundert alt, mit großen halbzerschlissenen und braun verblichenen Walzen, die heiß werden und sich drehen, heben und senken, von einem Fußpedal betätigt.

Frau Erika sagt, zu ihr kommen die alten Leute aus dem Ort und bügeln hier ihre Laken. Das holt die Erinnerung an den eigenen Opa her, der Pastor in Hamburg war und leidenschaftlich vor der Constructa-Bügelmaschine saß und dabei laut seine Gedanken zu Theologie und Philosophie ordnete.

Beim Bügeln assistierte ihm ein Kind, das musste sich hinstellen und die Arme halten wie »Hände hoch«, dann wurde das Laken über das Kind geworfen und die ganze Veranstaltung mit Wasser eingesprüht. Das Kind stand da wie ein Gespenst, drehte sich, damit die andere Seite des Gespenstes auch besprüht werden konnte. Das feuchte Tuch wurde gelegt und gefaltet und kam ordentlich zwischen die heißen Walzen. Ein Zischen und Dampfen, das war schön. Frau Erika versteht genau, was ich meine.

Dann gibt es endlich die Suppe. Sie war sehr stark gesalzen, und doch, nicht ein einziges Körnchen zu wenig.

Die Wände und die Ohren

Die Meyerheimstraße ist die letzte Straße, wo der Prenzlauer Berg noch das zeigt, was er schicksalhaft zeigen soll, die Immobilienmakler nennen das Lebensart. Schon eine Straße weiter fängt ein anderes Gebiet an, Dunkeldeutschland, wo Plastiktüten Proleten ausführen, Hunde Meik heißen und die Bockwürste dicker als ihre Verkäufer sind. Unser Freund Kristof wohnte in dieser heimeligen Grenzstraße, und von unseren wenigen Besuchen bei ihm handelt diese Geschichte, die zwar einen echten Geist hat, aber nicht gruselig sein kann, da zu viel Geschrei darin vorkommt. Irrengeschrei, Babygeschrei, Pärchengeschrei.

Kristof ist ein Künstler, der gerade die Trennung von seiner langjährigen Lebensgefährtin verkraften mußte, die sich in einen anderen Künstler verliebt hatte, und er war zu einer Bekannten gezogen, die nur selten zuhause war. Sie teilten sich 94 Quadratmeter, drei Zimmer. Die Wohnung war verwinkelt, aus zwei Wohnungen in dieser Etage hatte man drei gemacht. Bei unserem ersten Besuch wollte er uns die Prärielandschaften zeigen, die er im Ruhrgebiet fotografiert hatte. Es war ein Frühlingsmorgen, er hatte Kaffee gekocht und mein Mann Jörg und ich hatten Brötchen mitgebracht. Die Fenster zur Straße waren auf, Vogelgezwitscher füllte die Luft, und wir beglückwünschten ihn zu der Wohnung, die netter zu sein schien als die im Wedding, wo er vorher mit der Ex lebte. Als er die ersten Abzüge auf den Boden des Wohnzimmers gelegt hatte, setzte ein unendliches Gebrüll ein. Es kam aus dem oberen Teil des Hauses. Eine männliche Stimme.

»SCHWEINE. SCHWEINE. ZIEHT EURE SCHWEINEKOS-

TÜME AUS IHR SCHWEINE. ALLE WOLLEN WISSEN, WAS TIEF VOM ARSCH KOMMT WOLLEN SIE GENAU WISSEN WAS TIEF VOM ARSCH HER KOMMT. WENN ICH EUCH SEHE, DANN GEFÄLLT MIR MEIN EIGENER ARSCH IMMER BESSER. MEIN EIGENER ARSCH IHR ÄRSCHE HÖRT IHR. DEN GRÖSSTEN ARSCH FÜR DIE GRÖSSTEN ÄRSCHE IHR DUMMSCHEISSER. ICH SCHEISS EUCH DEN HALS VOLL. JETZT GLEICH AUFGEPASST. IHR KRIEGT DOCH SONST NICHT DEN HALS VOLL. JEMAND MUSS ES MACHEN. IHR SEID FICKER. IHR TUT DEN WEICHEIERN WEH. IHR SEID ALLE WEICH. IHR HÄTTET KEINE CHANCE, WENN HIER DER KRIEG AUSBRICHT. DANN SUCHT IHR ALLE DECKUNG MIT EUREN FETTEN ÄRSCHEN. DANN WEINT IHR. ICH ZEIG EUCH, WIE ES GEHT. DAS WIRD SCHMERZHAFT IM ...«

Wir lachten, gingen auf den Balkon und sahen einen jungen Mann, der aus dem Fenster deklamierte. Kristof sagte, das sei der punkige Typ aus dem vierten Stock, eigentlich schüchtern, aus Fulda stammend. Der schüchterne junge Mann aus Fulda hörte gar nicht mehr auf. Wir schüttelten den Kopf, gingen zurück in den Raum und schlossen Fenster und Balkontüren. Man hörte ihn immer noch, aber wir versuchten das zu ignorieren, uns auf die Fotos zu konzentrieren. Kristof erklärte die Hintergründe einzelner Motive, sprach über seine Entdeckungen und Erlebnisse in Essen und Bochum. Er hatte Frank Castorf kennen gelernt und für ein Theaterfestival eine Cowboystadt mit Saloons und Hütten gebaut. Immer wieder mussten wir rausschauen, um die Passanten zu beobachten, die vor dem Haus stehen blieben und kicherten. Sie klatschten Beifall, machten Fotos und Audioaufnahmen, riefen Freunde an und ließen die übers Handy mithören. Die Ablenkung war zu groß. Wir gingen wieder auf den Balkon. Einer rief uns und fragte, ob wir den Mann kennen. Ob es sich vielleicht um eine Kunstaktion handele, um eine Werbefilm-Aufnahme oder die Aussprache einer mutigen Wahrheit, quasi Politaktion. Niemand machte sich Sorgen um die Gesundheit des armen Mannes, der nun auch weinte und sich übergeben musste. Niemand fragte sich, wie er die Strapazen des anhaltenden Schreiens überhaupt verkraftete, ob er zwischendurch wenigstens ein Glas Wasser trank oder wie das enden sollte, ob er sich noch stürzen würde. Sonderbar, auch wir machten uns keine Sorgen um ihn. Wir gingen wohl alle von einem freiwilligen, performativen Akt aus. Als könnte der junge Mann jederzeit wieder aufhören. Als wäre es nur gespielt. Dass mit dem Haus etwas nicht ganz in Ordnung war, wussten wir damals nicht. Als sich jemand Sorgen um die Mittagsruhe machte, da war die arme Sau schon mehr als zwei Stunden am unentwegten Brüllen, Wimmern, Kotzen, rief endlich jemand die Polizei. Erleichtert sahen wir, wie der Einsatzwagen hielt, zwei Polizisten sich Gummihandschuhe anzogen und Masken aufsetzten. Wir gingen ins Treppenhaus, wir hörten, wie sie die Tür zur Wohnung eintraten, und sahen, wie sie den jungen Mann mit Handschellen da rausholten. Er hatte Schaum vorm Mund und schüttelte ihn flockenweise in unwillkürlichen Zuckungen ab. Die Polizisten stützten den halb Ohnmächtigen, total Erschöpften. So verschwand er im Streifenwagen. Endlich ließ er es hinter sich, das Ding im Haus, von dem wir später annahmen, dass es sich damals zum ersten Mal zeigte.

Als Kristofs Mitbewohnerin eine Arbeit in einer anderen Stadt bekam, übernahm er den Mietvertrag. Und da seine neue Freundin Melanie, kaum dass er sie geküsst hatte, bereits schwanger von ihm war, bot es sich an, hier das Familiennest zu bereiten. Wenige Wochen vor der Entbindung saßen wir wieder im Wohnzimmer in der Meyerheimstraße, es war unser zweiter Besuch. Melanies Möbel und Teppiche hatten für eine Behaglichkeit gesorgt, die Kristof alleine nicht hinbekommen hätte. An den Wänden hingen schwere goldene Rahmen, offensichtlich antike, wertvolle Stücke, und wir wunderten uns, dass sie ohne jedes Bild waren, sozusagen nichts rahmten. Melanie erklärte, die Rahmen seien Erbstücke von ihrer russischen Großmutter und das Einzige, was sie von dem russischen Familienteil geerbt hätte. Kristof hatte Coq au Vin gekocht, es fehlte noch der Reis. Er setzte einen Topf mit Wasser und Reis auf den Gasherd und brachte eine Flasche Wein mit ins Wohnzimmer. Wir hatten Melanie einige Babysachen und Elternratgeber mitgebracht, die wir nicht mehr benötigten. Melanie besah jedes Kleidungsstück und jedes Buch genau. Sie platzte fast vor Erwartung und hatte zu jedem Aspekt der Neugeborenenpflege eine Meinung. Jede Wachstumsphase, jede Kinderkrankheit und jede Ernährungsempfehlung war ihr Anlass, sich alles Mögliche auszumalen. An uns war es, geduldig die Klappe zu halten und möglichst viel Wein zu trinken, um diesen so typischen wie unvermeidlichen pränatalen Stuss zu ertragen. Plötzlich schrie Kristof auf. Der Reis! Total vergessen! Er musste ja verbrannt sein. Wir drängten zum Herd. Doch der Reis war perfekt, der Herd aus. Vielleicht hatte ja das überkochende Wasser die Flamme gelöscht, rätselten wir. »Müsste dann nicht eine Wasserspur zu sehen sein?«, zweifelte Kristof. »Aber da ist keine Wasserspur, kein einziger Tropfen.« Er begann den Tisch zu decken, dabei murmelte er

mehr, als dass er zu uns sprach: »Das war jetzt nicht das
erste Mal. Manchmal schaltet sich der Fernseher aus, und
zwar ganz aus, nicht nur auf Standby. Gleichzeitig springt
die Stereoanlage im anderen Zimmer an und eine CD fängt
an zu spielen, obwohl die Geräte nicht am gleichen Strom-
kreis hängen.«

»Hör auf damit«, sagte Melanie. »Mit dem Gerede macht
man das nur stark. Ich will das nicht in meiner Wohnung!«

»Worüber sprecht ihr? Habt ihr einen Geist? Das ist nicht
ungewöhnlich in Berlin.«

»Ich darf das Wort Poltergeist nicht sagen«, sagte Kristof. »Wir haben uns auf den Begriff ›negatives Karma‹
geeinigt. Aber es ist nicht negativ. Es ist uns freundlich ge-
sonnen. Sonst hätte es doch auch nicht den Herd ausgeschaltet, oder?«

Melanie ging wütend in ihr Zimmer. Der Tisch war ge-
deckt. Kristof stellte Kerzen auf, brachte Wasser, Salz, einen Korb mit Brot und eine Schüssel grünen Salat. Er bat
uns, schon mal anzufangen. Er ging zu Melanie. Wir aßen
Salat und hörten, wie sie sich stritten.

»Jetzt habe ich Angst! Jetzt darfst du mich nicht mehr in
dieser Wohnung alleine lassen! Heute gehst du nicht mehr
aus!«

Kristof versprach ihr, nichts mehr zu erwähnen, was ihr
Angst machen könnte. Wir blickten uns enttäuscht an.
Über den Poltergeist der Meyerheimstraße hätten wir gerne mehr erfahren. Das anschließende Tischgespräch verlief vorhersehbarer. Es ging um die Arbeit und die Karriere
und um die Frage, ob man genug arbeitete und was einen
eigentlich ständig davon abhielt, mehr vom Besseren zu
tun. Ein Thema, auf das dieses schwangere Pärchen, beide

freiberuflich, leider nicht mit Harmonie und Optimismus reagierte. Plötzlich zankten sie sich darüber, wer von beiden die Belastungen durch das Baby realistischer einschätzen könne. Das führte in einen Kampf um die Regelung der zukünftigen Arbeitszeiten. Es war ein Streit mit hohem Wiedererkennungswert, auch wir hatten diese Debatte unzählige Male geführt. Wir erlaubten uns die Bemerkung, dass das erste Jahr mit Baby seinen eigenen Gesetzen folge. Wir sagten, sie sollen doch bitte abwarten und zuversichtlich bleiben. Doch anderer Leute Weisheit half den Kontrahenten nicht. Sie stritten weiter, wir aßen stumm das Huhn in Weinsoße, noch unschlüssig, ob gelangweilt oder genervt, doch sicher nicht gut unterhalten. Eigentlich wollten wir mit Kristof noch auf eine Party gehen, aber es schien klar, dass Melanie das nicht dulden würde. Und wenn es da wirklich so ein Ding gab, einen Hausgeist oder Poltergeist, ausgestattet mit Ohren und Gefühlen, dann war der vermutlich noch viel weniger bereit, den öden Zank angehender Eltern zu ertragen. Da knallten die Glühbirnen der Lampen durch. Einzig die Kerzen auf dem Tisch gaben noch Licht. Wir saßen da in schönster Séancen-Stimmung. Da versammelte der Geist noch einmal Kraft, und zwei goldene Bilderrahmen fielen von der Wand, ohne zu brechen. Ein dumpfer Knall, dann war Ruhe. Kristof sagte als Erster was. »Das ist ein Kommentar. Es mag nicht, wenn wir streiten. Es reagiert auf unsere Beziehung. Wahnsinn.«

»Negatives Karma!«, ermahnte Melanie ihn.

»Nenn es, wie du willst«, sagte Kristof, »aber da ist eine Energie.«

»Ich will nichts hören!«, sagte Melanie, ging in die Küche und holte neue Glühbirnen, die sie gleich in die Lampen schraubte.

Ich weiß nicht mehr, was wir sagten, aber wir fanden keine anderen Erklärungen. Der Poltergeist war viel zu spannend, als dass andere Theorien in Betracht kamen. Wir mussten ja nicht dort wohnen. Herrlich.

Kristof sah sich die Stellen an der Wand an, wo die Rahmen hingen.

»Ich habe diese Rahmen mit richtig fetten Dübeln aufgehängt, die hätten ein Erdbeben überstanden. Ich baue seit zehn Jahren Ausstellungen und Messen auf, und ich weiß nicht, wie diese Rahmen da einfach runterfallen konnten.«

»Mag sein. Aber ich will nicht darüber reden«, sagte Melanie. »Ich bin schwanger.«

»Ich will doch nur ganz normal darüber reden, emotional nicht anders als über Fußgängerzonen«, sagte Kristof. Er sagte wirklich: emotional nicht anders als über Fußgängerzonen. Merkwürdig. Wer in aller Welt spricht normal über Fußgängerzonen? Und zu uns gewandt: »Ich komme aus einem sehr katholischen Elternhaus, da ist die Existenz von allem Möglichen drin. Meine Mutter hat, als sie ein Kind war, in den 50er Jahren im Rheinland Ufos landen sehen.« Dann gab es Mandelpudding, und Kristof durfte sogar mit zur Party.

Unseren dritten und letzten Besuch in der Meyerheimstraße machten wir, als Baby Bella schon fast ein Jahr alt war und Kristof und Melanie sich gerade getrennt hatten. Sie lebten zwar noch zusammen in dieser Wohnung und liebten, hegten und pflegten ihr reizendes Mädchen gemeinsam, aber als Liebespaar betrachteten sie sich nicht mehr. Kristof schlief im Wohnzimmer auf der Couch und Melanie und Bella im mittleren Zimmer. »Und wer hat den hinteren Raum?« Da schüttelte Kristof den Kopf und hielt den Finger an den Mund.

Melanie stillte Bella, übergab sie Kristof, und dann verschwand sie zu ihrem neuen Lover. Bella wurde gebadet, bekam noch etwas Bananenmus und dann brachte Kristof sie ins Bett, er machte das alles ziemlich toll und zeigte seine Schmach und sein Innerstes mit keinem Wort, keiner erkennbaren Regung. Wir setzten uns an den Tisch und tranken Bier, aßen Würstchen mit Kartoffelsalat, Kristof hatte ihn selbst gemacht, mit frischen Kräutern und roten Zwiebeln. Ich konnte erzählen, dass ich ein Buch über Berliner Gespenster plane, denn es hätten mir in letzter Zeit immer mehr Leute von ihren Hausgespenstern und Spukerlebnissen berichtet, und ein nicht ganz unbedeutender Verlag sei interessiert an dem Projekt. Kristof beglückwünschte mich. Er hatte alle meine Romane gelesen und ihm war auch schon aufgefallen, dass meine Buchproduktion im Schatten der Kinderaufzucht in den letzten Jahren ins Stocken geriet. »Was treibt euer Poltergeist?«, fragte ich.

»Viel«, sagte Kristof.

»Was denn?«

»Im Zimmer zum Hof haben wir jetzt schwarzen Schimmel. Eine Wand ist total nass. Da kann man mit einem Baby nicht mehr leben. Das geht gar nicht. Wollt ihr mal sehen?«

Das Zimmer war ungeheizt, es standen Kartons herum, Bücherstapel, volle, zugeknotete Plastiktüten, Schallplattenkisten und Koffer. Eine Ecke war deutlich verschimmelt, von oben bis unten zog sich die ekelhafte Spur. Auf rosa gestrichener Raufasertapete war ein weiteres Fleckenfeld zu sehen.

»Die haben die Außenwand zum Hof saniert und dabei total gepfuscht«, sagte Kristof. »Die Wand wurde nass, dazu die neuen Thermofenster, das reinste Labor für schwarzen Schimmel. Sobald wir eine neue Wohnung haben, sind wir hier raus. Bella wollte nie in diesem Zimmer schlafen, die hat sich strikt geweigert, von Anfang an, lange bevor der Schimmel überhaupt zu sehen war.«

Als wir uns von dem Anblick lösten, fragte Kristof, ob uns etwas auffallen würde. »Der lange Fleck hier?«

Uns fiel nichts auf. Ein Fleck eben, ein Fleckengebilde, das quer über die Wand reichte. Im Wohnzimmer zeigte er uns dann Fotos. Mindestens ein Dutzend Aufnahmen hatte er von dem Fleck gemacht, stark vergrößert, mal mit, mal ohne Weitwinkel. »Erkennt ihr was? Seht ihr das nicht? Schaut mal.« Er nahm einen schwarzen Filzstift und verband einen Fleck mit dem nächsten. Es kam zu ein paar einfachen Verbindungslinien, die der Morphologie des Fleckes entsprachen. Schließlich stand da:

я люблю тебя

»Das ist kyrillisch. Ausgesprochen *Ya lyublyu tebya*. Das ist russisch für *I love you*. Genau übersetzt heißt es eigentlich: *Du bist diejenige, die ich liebe*. Ich habe es wiedererkannt, weil ich eine Platte habe, wo das draufsteht.«

Er zeigte uns das Plattencover und dann auch noch einen Lexikonausdruck aus dem Internet. Es war nicht zu leugnen. Da stand auf Russisch »I love you« an der Wand. »Aber was soll das bedeuten?«, wollten wir wissen. »Ist das etwa eine Botschaft vom Poltergeist? Was sagt Melanie dazu?«

»Wir reden im Moment wenig. Was auch was Gutes

hat.« Er rieb sich die Augen und seufzte. »Das ganze Haus dreht durch. Alle schreien sich nur noch an. Seitdem ich auf der Couch schlafe, höre ich jeden Abend, wie sich das Paar von unten gegenseitig anschreit. Der Mann hat ständig neue Freundinnen, aber alle schreien sie. Und jeden Morgen wenn ich aufwache, höre ich, wie die Frau von nebenan ihren Typen anbrüllt. Er ist immer still, sagt kein einziges Wort, aber sie schreit wie ein Tier, die kann pöbeln, das ist widerlich. Außerdem verschandelt sie den Hinterhof mit blauen Keramikkugeln.« Während wir so aßen und tranken, überlegten wir, ob der Poltergeist eine Reaktion auf die Schimmelbildung sein könnte. Seit dem Pfusch an der Außenwand sei das Haus am Kippen, sagte Kristof. Alle seien furchtbar gereizt und streitlustig. Da fiel mir der Hausentstörer ein. Ich berichtete Kristof, dass ich durch die Gespensterrecherchen auf die Spur eines sogenannten Hausentstörers gekommen sei, ein gewisser Anton Peter Neumann aus dem Prenzlauer Berg. Vielleicht sollte man den mal auf den Poltergeist und das gestörte Haus ansetzen? Und ich könnte dann darüber berichten, wie der Poltergeist in eine kleine Lampe gefüllt wird, die uns in Zukunft alle Wünsche erfüllen kann.

»Das wäre was für meine Mutter. Das ist bestimmt so ein Ingenieur mit Feng-Shui-Zusatzausbildung, der Wasseradern findet. Aber ganz sicher kein Ghostbuster.«

Doch, sagte ich, das muss ein Ghostbuster sein, schon allein wegen der Geschichte für mein Buch. Also schrieb ich dem Hausentstörer bald darauf eine E-Mail.

Betreff: Anfrage über www.antonneumann.de
Lieber Herr Neumann,
ich weiß gar nicht, ob ich bei Ihnen richtig bin, aber viel-

leicht können Sie mich kurz informieren, dann würde ich mich ggf. wieder bei Ihnen melden.

Kennen Sie sich mit Gespenstern aus bzw. würden Sie geister-/gespensterartige Vorkommnisse zu den Aufgabengebieten Ihres Entstörungsgdienstes zählen?

Haben Sie mit Gespenstern und ggf. ihrer Vertreibung bereits Erfahrrungen gesammelt?

Danke schon mal für jede Nachricht, und mit freundlichen Grüßen, Sarah Khan

Betreff: Re: Anfrage über www.antonneumann.de
Hallo Frau Khan!
Ja, beide Fragen JA!
Sie sind sozusagen an der richtigen Adresse.
MfG
A. P. Neumann

Kristof und Anton Neumann haben sich nie kennen lernen müssen.

Kristof und seine Familie sind bald aus der Meyerheimstraße ausgezogen, in eine kleine ruhige Straße in Mitte, in eine helle Wohnung mit Blick auf eine Wiese. Ab da wurde alles wieder gut, alles wieder Liebe. Kristof blieb während der heiklen Zeit merkwürdig gelassen. Andere hätten Opern aufgeführt. Immerhin hatte sie einen Liebhaber! Aber Kristof saß es aus und er gewann. Er sitzt nicht vor den Scherben eines kaum versuchten und schnell gescheiterten Familienglücks. Gehen Sie mal auf einen Kindergeburtstag von einem 3-Jährigen im Prenzlauer Berg. Da sitzen unter den Gästen immer irgendwelche frisch getrennten Elternteile auf dem Teppichboden, essen Lillifee-Muffins und erkundigen sich nach kleineren und billigeren

Wohnungen. Viele, die sich vorher Seitenstraßen und lichte Vorderhäuser leisten konnten, müssen dann auf die Greifswalder Straße oder die Danziger ausweichen, und wenn sie ganz großes Pech haben: Hinterhaus. Das sind die stark befahrenen, lauten Straßen, wo die Mieten trotz Lebensart eher günstig bleiben. Das sind die Boulevards of Broken Dreams von Berlin.

Ironie und Patina

Das Mietshaus an einer Ecke des Hacke'schen Marktes wurde nach der letzten Jahrhundertwende entmietet, entkernt, saniert. Ein stolzes Haus, das die Illusion der Kontinuität von Prosperität so perfekt ausstrahlt, wie es die Häuser in der Münchner Ludwigstraße oder auf dem Hamburger Jungfernstieg tun. In den Neunzigern war es hier schäbig und szenig, unten die Aktionsgalerie und eine rumpelige Kneipe, im zweiten Stock der Geist eines jungen Freaks namens Ingo. Ingo wohnte hier, nahm Ketamin, eine Droge, die einen kurz bewusstlos macht und auf Reisen schickt, und er starb, bevor er in seinen Körper zurückkehren konnte, denn seine Zigarette verursachte einen Schwelbrand, er erstickte. Der Schriftsteller Norman Ohler, der Ingos Wohnung mitsamt Einrichtung mietete, spürte sofort, dass hier etwas nicht stimmte. Er recherchierte Leben und Sterben des jungen Ketaministen und errichtete ihm dann mit dem Roman »Mitte« ein literarisches Denkmal wider den Bauboom und die Gentrifizierung eines Stadtteils, der für Leute wie Ingo nach der Wende ein unschuldiges Kunstwerk war, das nicht vom Kapitalismus besudelt werden durfte.

Der Hauswart, der gerade nach dem Rechten sieht, hört sich die Geschichte von Gespenst Ingo ausdruckslos an. »Das würde natürlich erklären, warum hier so viele Birnen kaputt gehen«, sagt er. – »Echt?« Er quält sich die Spur eines Lächelns ab. »Ich hab noch ältere Häuser, und da spukt es auch nicht.« Die aktuellen Mieter der Geisterwohnung heißen Alex Römer und Thomas Wildberger. Sie betreiben seit kurzem eine gemeinsame Werbeagentur und wirken unglaublich lieb und deutlich ironiefreier als der Hauswart. Sie sitzen sich an Schreibtischen gegenüber und zerbrechen sich die Köpfe. Konfrontiert mit der Mitteilung, dass in diesen Räumen ein junger Mann starb, der Gespenst wurde, zeigen die Werber erst mal Freude an der Ablenkung. »Grundsätzlich kenne ich das Gefühl«, sagt Alex Römer, »dass man in einem Raum ist und spürt, da stimmt was nicht. Hier gibt es das nicht.« Die beiden weiden sich an der Enttäuschung, die diese Worte provozieren. »Aber!«, sagt er. »Wir waren vorher in einem anderen Teil dieser Etage. Da haben wir uns nie wohl gefühlt. Ganz schlechte Wellen. Nach einem halben Jahr sind wir umgezogen.«

Leisen Schrittes führt er in die leeren Zimmer. Eierschalenweiße Wände, edles Parkett, herrschaftlicher Blick auf die Geschäftsstraßen. Wir befinden uns in dem entkernten Teil des Hauses, der wie Altbau wirkt, aber Neubau ist. »Die Gegend nervt«, sagt Römer und schaut versonnen aus dem Fenster. »Hundert Prozent Touristen.« Verschiedene Agenturen hätten sich hier eingemietet, erzählt er, die seien aber schnell wieder ausgezogen, weil sie expandierten oder es nicht ertrugen. Da gebe es einen unerquicklichen Gewerbemietvertrag, auf gefühlte tausend Jahre, da käme man nicht so einfach raus, und eine für ihn undurchschaubare Reihe von Untermietverhältnissen. Das also ist die Metaphorik der modernen Gruselgeschichte, die sich auf ihre Weise anschließt an die Prosa von E.T.A. Hoffmanns *Das Öde Haus* oder E.A. Poes Bild von der »unerträglichen Düsternis« im *Untergang des Hauses Usher*: Ausbezahlter Leerstand, kahle, staubfreie Kubikmeter, die absolute Abwesenheit tickender Uhren und ihrer Sklaven in hochfenstriger Helligkeit. Das ist nicht frei von einer Ironie, die selbst das immobilienmarktkritische Gespenst Ingo überraschen dürfte. Hier hat es also sein Reich gefunden, ein Paradies ohne Patina, umgeben von melancholischen Kreativen, die darauf warten, dass ihre Verträge endlich auslaufen.

»Wo wohnst du?«, fragt Römer. Die ultimative Frage unter den Zugezogenen, das regionale Quo vadis sozusagen. Ganz woanders, antwortet man da am besten, ganz woanders.